年报语调
对资本市场定价效率的影响研究

肖梦瑶 ◎ 著

中国财经出版传媒集团

经济科学出版社

Economic Science Press

·北 京·

图书在版编目（CIP）数据

年报语调对资本市场定价效率的影响研究／肖梦瑶
著. -- 北京：经济科学出版社，2025.1. -- ISBN 978 -
7 - 5218 - 6645 - 2

Ⅰ. F830. 9

中国国家版本馆 CIP 数据核字第 2025N1W650 号

责任编辑：白留杰　凌　敏
责任校对：靳玉环
责任印制：张佳裕

年报语调对资本市场定价效率的影响研究
NIANBAO YUDIAO DUI ZIBEN SHICHANG DINGJIA XIAOLÜ DE
YINGXIANG YANJIU

肖梦瑶　著
经济科学出版社出版、发行　新华书店经销
社址：北京市海淀区阜成路甲 28 号　邮编：100142
教材分社电话：010 - 88191309　发行部电话：010 - 88191522
网址：www. esp. com. cn
电子邮箱：bailiujie518@126. com
天猫网店：经济科学出版社旗舰店
网址：http：//jjkxcbs. tmall. com
北京季蜂印刷有限公司印装
710 × 1000　16 开　14. 25 印张　200000 字
2025 年 1 月第 1 版　2025 年 1 月第 1 次印刷
ISBN 978 - 7 - 5218 - 6645 - 2　定价：58. 00 元
（图书出现印装问题，本社负责调换。电话：010 - 88191545）
（版权所有　侵权必究　打击盗版　举报热线：010 - 88191661
QQ：2242791300　营销中心电话：010 - 88191537
电子邮箱：dbts@esp. com. cn）

前　　言

在充分有效的股票市场中，股价可以优化资源的配置。而这一功能的发挥，在于股价是否能够充分体现企业的内在价值，这也是衡量资本市场运行效率的标志。与成熟的资本市场相比，中国 A 股市场散户投资者居多，而且法律制度尚不健全，股价中往往包含大量的"噪声"，不能体现公司的真实情况，难以发挥资源配置的引导作用。并且，在党的十九大报告中提出"增强金融服务实体经济能力"。显然，只有当股价充分反映公司特质信息时，金融市场才能合理配置资源，进而维护投资者的利益。"十四五"规划中指出，要全面实行股票发行注册制，建立常态化退市机制。资本市场放宽公司公开发行条件的同时，进一步地加强了对信息披露的要求。因此，在此背景下，研究资本市场定价效率的影响因素、优化资源配置具有重要的理论和现实意义。

信息传递是维持资本市场平稳运行的核心，充分的披露能够有效降低内外部间的信息不对称，促进资本市场健康可持续地运行。会计信息作为外部人获取信息的重要来源，能够为投资者提供决策有用的信息。以往的研究显示，投资者大多关注的是数字化的财务信息，而文本信息较少受到投资者的关注。但是随着财务造假事件的频繁出现，投资者对信息需求的不断增加，财务信息已经不能满足投资者的决策需要，文本信息开始受到人们的关注。年报作为会计信息的主体，所占篇幅较大、叙述方式丰富多样。随着计算机技术的不断进步，文本分析成为当前会计热点，通过正面和负面情绪表达度量的语调研究得到了迅速发展。管理层会将情感态度在文本信息中反映出来，那么当投资者在解读年报文本信息时，管理层所表达出来的情感语调是否影响投资者决策，进而影响资本市场定价效率呢？

基于此，本书选取了 2012～2019 年 A 股非金融类上市公司，从股价同步性、股票流动性和股价崩盘风险三个层面分析资本市场定价效率，多维度、系统地研究年报语调对资本市场定价效率的影响，并揭示了其影响机制。研究结论如下：

（1）年报净正面语调显著提高了股价同步性，降低了股票流动性，加剧了股价崩盘风险，一定程度上降低了资本市场定价效率，说明年报净正面语调并不代表经营状况良好，而是管理层策略性披露的结果。

（2）本书研究发现年报语调是通过影响上市公司信息透明度和投资者情绪进而影响资本市场定价效率的。具体为：年报净正面语调是管理层操纵的结果，降低了信息透明度，从而降低了资本市场定价效率；并且，管理层操纵年报语调的惯用手段是采用不同的表达方式表达同一内容，进而影响投资者情绪，左右投资者对公司价值的判断，从而损害了定价效率。

（3）本书进一步探讨了年报可靠性对年报语调与资本市场定价效率的影响差异。研究发现，在年报可读性差的情况下，年报净正面语调显著降低了资本市场的定价效率（提高股价同步性、降低股票流动性和降低股价崩盘风险）；当语调和业绩不一致时，年报净正面语调显著降低了资本市场的定价效率；当上市公司存在管理层动机时，年报净正面语调显著降低了资本市场的定价效率。

（4）年报负面语调显著降低了股价同步性，提高了股票流动性和降低了股价崩盘风险，保证了年报文本信息的含量和稳定性，意味着年报负面语调为投资者提供了特质信息，虽然管理层会模糊披露和隐藏公司的负面消息，但是当在年报文本信息中披露时，会说明企业确实存在风险，给投资者提前"打预防针"。并且，进一步检验了公司特质信息的传递，发现年报净正面语调与公司股票价值不显著，与公司价值显著负相关，说明年报净正面语调中的特质信息较少，无法较好地传递到资本市场中，从而损害了资本市场定价效率。

本书主要的创新之处在于：第一，从年报语调和可靠性多维度系统性、综合性地考察文本信息，拓展了上市公司年报文本信息披露的研究外延。本书将语调和可读性结合，探究在不同的年报可读性下，年报语调产生的影响是否一致。除此之外，还从语调与业绩是否一致和是否存在管理层动机的角度探讨了年报语调信息的可靠性，从信息披露真实性的角度进行全面系统的探讨，为后续研究年报语调开辟了新的研究视角。第二，现有文献大多是从资本市场定价效率的单一方面（股价同步性、股票流动性、股价崩盘风险）来探究其影响因素，本书主要从股价同步性、股票流动性和股价崩盘风险三个方面较为全面系统地对资本市场定价效率进行研究，拓展了研究边界。第三，构建了"年报语调—信息透明度—定价效率"和"年报语调—投资者情绪—定价效率"一般理论分析与实证研究框架，进一步厘清了年报语调与定价效率的因果关系，有助于更深入地理解年报语调影响定价效率的传导机制，为类似研究提供了新的思路。第四，进一步深入研究了年报负面语调对资本市场定价效率的影响，发现年报负面语调对资本市场定价效率的影响具有提升的作用，并且进一步检验了公司特质信息的传递，发现年报净正面语调与公司股票价值不显著，与公司价值显著负相关，再次证明了年报净正面语调中的特质信息较少，无法较好地传递到资本市场中，从而损害了资本市场定价效率。因此，本书基于信息披露基本原则，探究资本市场定价效率，相对以往研究更加全面和系统。

肖梦瑶

2024 年 12 月

目　　录

第 1 章
绪　　论

1.1　研究背景

资本市场对中国经济起着至关重要的作用，其通过股票价格这一信号实现资源的优化配置，进而提高经济发展质量。现有文献普遍认为，中国资本市场尚未成熟，证券市场资源配置效率依然有待提高，原因在于上市公司与投资者之间信息不对称较高，导致资本市场上的生产要素错配。并且，较高的信息不对称和制度的缺失容易引发代理冲突，公司管理层通过信息操纵和盈余管理等方式获取私利（Jensen and Meckling，1976），不利于我国经济的发展。因此，提高资本市场定价效率对于促进我国经济的发展显得至关重要。

资本市场定价效率是指股票价格对信息的有效揭示。借鉴现有研究，从三个方面讨论定价效率：一是股价信息含量，这是有效市场理论的基础，股价发挥资源配置功能的充分条件是需要股价能够充分反映公司实际的发展状况与未来前景（王谨乐等，2021）。只有股价能够充分地反映公司的内在价值，才能降低信息不对称，实现市场上的资源配置给有需要的企业，本书从股价同步性的角度进行分析。二是股票流动性。股票流动性是衡量定价效率的重要指标，如果股票流动性较低意味着股价不能真实地反映企业信息，股票交易很难实现。三是股价稳定性，股价不稳定表明价格信号遭到破坏，股票价格不真实且存在泡沫，会导致资本市场资源的错配，本书从股价崩盘风险的视角进行分析。

年报作为一种将信息从公司内部传递给外部的方式，有助于减少市场上的信息障碍，不仅能够促进投资者合理决策，而且是投资者定价的重要依据。传统的财务报表披露的是历史性的会计信息，而关于预测和展望等非财务信息并没有体现出来，这显然降低了报表有用性。尤其是2001年安然事件以来，财务舞弊导致会计信息失真的现象频繁发生。而投资者希望全方位了解公司，需要的是各方各面的信息，不仅需要财务方面的信息，而且需要关于治理、产品、人力等方面的信息。随着投资者对信息需求的越来越多，传统会计报表中的信息对投资者决策已经不能起到决定性作用，文本信息开始受到人们的关注。AICPA、FASB、CICA等部门鼓励公司对外披露非财务信息，全方位多视角地向外界呈现公司面貌，特别是关于后续发展的内容。中国证监会也制定了相应的法规鼓励公司披露更多关于企业未来展望的非财务信息。比如在《公司信息披露内容与格式准则第2号〈年度报告的内容与格式〉(2003年修订)》中，特别强调在MD&A中不能只重复会计报表的内容，应当重点披露会计报表难以体现的重大事项和不确定性信息。更是在2007年的修订版中独立开辟了关于公司展望的板块。从总体趋势来看，年报文本信息越来越受到监管机构的重视，同时在资本市场上也发挥了越来越重要的作用。

早期关于文本信息的研究，由于当时技术欠缺，大多是人工进行识别，烦琐且难度较大。但由于文本数量较大，提取的信息精确度受到制约。随着计算机数据处理能力的不断提升，文本分析法已经成为研究的基础和手段，并且在会计领域广泛使用。相比于财务信息，文本信息表达方式多样化，在其中会剖析出报表信息难以呈现的内涵。公司充分的信息披露是确保资本市场健康发展的基础，同时也是缓解信息不对称、为投资者提供决策有用信息的一种途径。

相对报表信息而言，文本信息不是强制性的，而是属于管理层自愿披露信息行为，能够提供财务信息难以体现出来的公司特质信息，是对财务信息的一种补充或者替代。管理层在向外界披露文本信息时，会在只言片语中表达出情感态度，并且会描述经营近况、公司后期的发展方向以及面临的风险。投资者可能难以理解财务报告中一些指标（如会计科目）的形成逻辑，或者怀疑管理者对披露内容进行操纵，通过年报文本信息的表达来理解其意图，甚至针对语句中的语言特征形成个性化判断，定性的年报信息使得投资者理解起来更容易。年报文本中包含的公司特质信息含量较大且影响范围较为广泛，包括经营现状、创新信息、竞争战略、风险信息以及前瞻性信息等均能够影响投资者决策（Garcia and Norli，2012；Bao and Datta，2014；Hoberg and Phillips，2016；Zhao et al.，2020）。年报文本信息是否反映了公司真实的状况，学术界仍然存在着争议。年报文本信息能否影响资本市场定价效率以及通过何种机制影响有待进一步探究。企业一方面会通过对外呈现的语调为投资者带来更多的信息，缓解信息不对称，从而提高资本市场定价效率；另一方面企业也会对文本语气进行操纵，误导投资者，从而达到自身想要的目的，损害了资本市场定价效率。

此外，年报文本信息是对会计报表的解释与补充，应与会计报表信息表现出较高的一致性，即当企业业绩盈利以及管理层对企业发展前景充满信心时，其会积极使用大量的乐观词汇。相反，当企业亏损以及管理层对企业的未来信心不足时，可能较多使用悲观语言。年报语调与会计报表信息是否表现一致呢？本书以信息不对称理论、有效市场理论等为基础，从理论和实证分析年报语调信息对资本市场定价效率的影响，以及管理层在披露年报时是否"言行一致"。

1.2　研究目的与意义

1.2.1　研究目的

信息披露是保证资本市场中风险得到有效定价，为利益相关者提供有效信息，从而提高市场运行效率的重要机制。充分有效的信息是保证资本市场发展的核心，能够为投资者了解企业并进一步作出决策提供依据，最终保护了投资者的利益。本书从年报语调入手，探究其对定价效率的影响及机理。具体内容如下：

（1）检验年报语调与资本市场定价效率二者的因果关系。年报文本信息是采用文字描述的形式呈现信息，相对于上市公司的其他信息披露（MD&A、社会责任信息等），其包含更多的公司特质信息。管理层所传达出来的语调信息一方面为投资者提供了有效信息；另一方面也可能是管理层误导外界人的手段，损害了资本市场的定价效率。本书将资本市场定价效率分为股价同步性、股票流动性和股价崩盘风险三个角度，以 A 股上市公司作为样本，初步探讨年报语调对上述三个方面的作用效果。希望能够为投资者决策提供参考，保护其利益。

（2）检验年报语调影响资本市场定价效率的机制。基于信息不对称等基础理论等，从信息透明度和投资者情绪两个方面对年报语调影响资本市场定价效率的机制提出理论假设，希望投资者在进行决策时，要着重关注上市公司对外披露的内容，多渠道挖掘信息，综合考量信息质量和真实性后再进行下一步的计划。

（3）在上述研究的基础上，又深入地探讨了年报的可靠性对年报语调与定价效率二者的影响。从年报可读性、语调与业绩是否一致以及管理层动机三个方面运用分组检验二者的影响变化。该研究希望当投资者在分析年报文本信息时，不要只听片面之词，而是要看其披露的内容是否可靠，尤其是当年报文本信息过于正面时，更需要谨慎行事，避免自身利益受损。

（4）进一步研究了年报负面语调对资本市场定价效率的影响，因为现有文献表明年报负面语调更具有信息含量，能为投资者提供增量信息，投资者应当关注上市公司披露的年报负面信息，提高信息的敏感性，多渠道挖掘信息，判断公司年报是否可靠，保护自身的利益。

1.2.2 研究意义

近年来，随着财务报表信息逐渐趋同化和标准化，文本信息已经成为公司信息披露研究领域中的前沿问题。有时对于信息使用者来说，获取文本信息的意义甚至更大。本书探讨了我国上市公司的年报语调对资本市场定价效率的影响，具有一定的理论和现实意义。

（1）理论意义。

①拓宽了年报语调的经济后果研究。年报文本信息是以文字叙述为主，会掺杂着管理层的情绪，具有较大的主观性，管理层可以根据自己的意愿确定披不披露以及披露多少。国内研究大多是从净语调的角度去分析，比如曾庆生等（2018）研究了管理层的"口是心非"，实证检验了年报净语调对内部人交易的影响；周波等（2019）研究了年报净语调并非管理者的真实表述，实证检验了其对股价崩盘风险的影响；林乐和谢德仁（2017）研究了年报净语调对分析师的影响。本书从年报净正面语调的角度，研究其如何影响股票定价，丰富了该领域的经验证据。

②补充了资本市场定价效率的研究。基于现有关于资本市场定价效率的研究，系统全面地研究了年报文本语调对定价效率的影响。并从公司信息透明度和投资者情绪，分别探究了其作用渠道。因此，本书形成了"年报语调—公司信息透明度—资本市场定价效率（股价同步性、股票流动性和股价崩盘风险）"和"年报语调—投资者情绪—资本市场定价效率"的研究框架，不仅对当前关于定价效率的研究做了补充，而且加深了年报语调如何贡献于定价效率的理解。

③加深了对年报文本信息的认识。管理层作为公司信息的发出者，是否会考虑自身的利益，语调是否具有选择倾向。在面对复杂的委托代理关系时，是否会从自身利益的角度去操控年报语调。基于此，本书从语调和可靠性两个维度考察年报文本信息。对语调信息的有效性不能一下子下定论，而是取决于年报的可靠性。在考察年报语调对定价效率的影响时，进一步考虑了语调的可靠性，从年报的可读性、公司业绩以及管理层动机三个方面去考察年报文本信息的可靠性，为深入理解年报语调对定价效率的影响提供了重要证据。

（2）实践意义。本书研究了年报语调对资本市场定价效率的影响，结果发现年报净正面语调会降低资本市场定价效率（提高股价同步性、降低股票流动性和提高股价崩盘风险）。进一步发现，负面语调会提高定价效率。这些结论在一定程度上补充了年报语调的研究。因此，对于监管者、利益相关者以及公司本身起到了指引方向的作用。进一步来讲，对于监管年报文本信息，保护投资者权益以及完善公司信息披露制度有着关键的作用。

从监管者角度来看，证监会目前关于上市公司年报文本信息的披露并没有进行详细的规范，只是要求公司尽量保持文字的整洁和提高可读性。越来越多的公司利用监管的短板，在年报的文本信息上做文章，这在一定程度上给管理层机会主义行为创造了较大空间，这不单单不利于投资者得到应得的利益，也扰乱了市场正常运行的秩序。中国的汉字博大精深，语调作为管理层的情感表达，同一词语在不同的情境下表达的内涵是不一致的。因此，为了使资本市场持续健康地发展，监管部门应当制定详细的文本信息披露规则，严格加强年报文本信息的披露质量，包括信息真实、公开透明和战略信息清晰等，杜绝管理层在撰写文字时使用不易理解且模棱两可的文字"混淆视听"。本书在一定程度上指明了当前证监会在年报文本信息披露方面监管的不足，为进一步完善我国证监会的监管思路提供了指导，具有较强的现实意义。

从投资者的角度，证券市场尚未成熟仍然存在很多不完善的地方，中小投资者的投资能力和理念存在不足，更容易受到语调的干扰，正面语言会起到"激励"的作用，负面语言会"打击"投资者的积极性。本书得出年报净正面语调降低了资本市场定价效率，并且当年报信息可靠性低时，降低资本市场定价效率的作用更明显。因此，投资者在做决定时，不仅需要剖析财务数据，还应当进一步挖掘披露的文本信息。并且，在关注年报文本信息时，不应当听取管理层的片面之词，正面的语调可能是管理层出于自身利益最大化进行策略性披露的结果。进一步发现，负面语调会降低资本市场的定价效率，因此，当年报中披露了负面消息时，说明公司确实存在着经营风险，应当提高信息的敏感性，多渠道挖掘信息。而且投资者应当将文本信息与财务数据相结合，不同信息相互佐证，判断公司年报是否可靠，为投资者进行科学合理的投资决策提供了参考。

从公司本身的角度，对于上市公司受托责任履行状况的评价标准，投资者除了依赖公司的盈余状况、盈利能力等数字指标之外，还会关注公司创新、公司战略、人才储备等软性指标，这些指标直接关系到投资者对上市公司的认知，对上市公司具有重要的意义。本书通过探讨年报语调对定价效率的影响，为上市公司减少策略性文本披露提供了参考借鉴。虽然管理层掌握着信息披露的主动权，但管理层应当充分认识到不断累积的信息操纵行为可能使企业失去投资者的拥护，失去获取资源的能力，增加企业失败破产的风险，整体上为提高上市公司文本信息披露提供了启示。

1.3　研究内容、研究方法与技术路线

1.3.1　研究内容

（1）主要研究内容。

首先，基于信息不对称理论和印象管理理论等，从理论上分析年报语调对资本市场定价效率的影响，并实证检验了年报语调对股价同步性、股票流动性和股价崩盘风险的影响。

其次，运用中介效应模型检验了年报语调对资本市场定价效率的影响机制，公司信息透明和投资者情绪在年报语调与资本市场定价效率之间发挥着中介作用。主要回答了信息透明度和投资者情绪在年报语调与资本市场定价效率之间的作用。

再次，从理论上分析了不同年报信息可靠性下，年报语调对资本市场定价效率的影响差异。实证检验了在不同年报可读性、语调与公司业绩是否一致以及管理层动机的情况下，年报语调对股价同步性、股票流动性和股价崩盘风险的影响。主要回答了在不同的年报信息可靠性下年报语调对资本市场定价效率的作用存在什么差异。

最后，从理论上分析了年报负面语调对资本市场定价效率的影响，并实证检验了年报负面语调对股价同步性、股票流动性和股价崩盘风险的影响。

（2）各章安排。本书共分为 8 章内容（见图 1.1）。

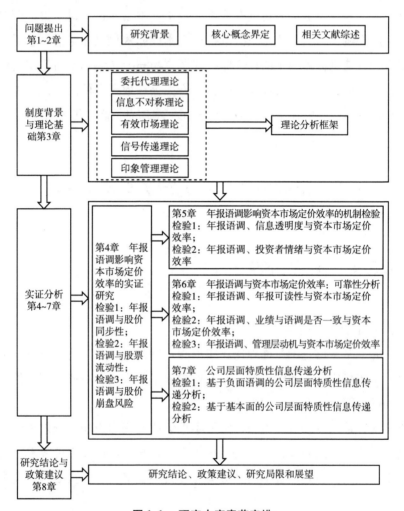

图 1.1 研究内容章节安排

第 1 章，绪论。主要阐述了研究背景、目的、理论与现实意义、内容、方法、技术框架以及创新点。

第 2 章，文献综述。首先对年报语调、年报可读性、资本市场定价效率、股票同步性、股票流动性和股价崩盘风险的概念进行界定。文献综述部分涵盖三个主题：一是年报文本信息披露后果的经济后果研究，主要从年报语调和年报可读性两个方面进行整理；二是资本市场定价效率影响因素研究，主要从同步性、流动性和崩盘风险三个方面进行梳理；三是信息披露影响定价效率的文献梳理。

第 3 章，制度背景与理论基础。制度背景主要是从年报文本信息披露制度的发展与演变和资本市场制度及功能分析；基础理论包括委托代理理论、信息不对称理论、有效市场理论、信号传递理论和印象管理理论。

第 4 章，年报语调影响资本市场定价效率的实证研究。基于基础理论，分析了年报语调对股价同步性、股票流动性和股价崩盘风险的影响，并提出研究假设，采用 2012~2019 年数据实证检验了年报语调与资本市场定价效率的关系。

第 5 章，年报语调影响资本市场定价效率的机制检验。理论分析了公司信息透明度和投资者情绪在年报语调与资本市场定价效率之间的作用，运用中介效应模型实证检验了公司信息透明度的中介作用。

第 6 章，年报语调与资本市场定价效率：可靠性分析。运用分组检验了当在不同的年报可读性、语调与业绩是否一致以及上市公司是否实施股权激励下，年报语调与资本市场定价效率的关系。

第 7 章，公司层面特质性信息传递分析。实证检验了年报负面语调对资本市场定价效率（股价同步性、股票流动性和股价崩盘风险）的影响，以及年报语调中公司特质性信息传递的分析。

第 8 章，研究结论与政策建议。对整个研究的总结，提出政策建议，并明确了研究可能存在的局限性，以及对未来的展望。

1.3.2　研究方法

（1）文献研究法。文献分析是开展后续理论研究的基础，从相关数据库、书籍搜集年报语调与资本市场定价效率的相关文献，梳理年报语调经济后果以及资本市场定价效率影响因素的相关文献，厘清现有研究脉络，掌握相关研究的最新进展和方向，更为清晰和准确地认识年报文本信息披露和资本市场定价效率，在此基础上，总结现有的研究动态并发现当前的研究不足，充分地说明了价值意义。

（2）归纳演绎法。归纳演绎是重要的逻辑思维方法，对年报语调、年报可读性、股价同步性、股票流动性和股价崩盘风险的基本理论进行归纳总结，结合委托代理理论和信息不对称理论等基础理论，归纳总结管理层披露的动机，并进一步剖析年报语调对资本市场定价效率的影响及其影响机制，以及在不同的年报可靠性下，年报语调对资本市场定价效率的影响，由此构建附有逻辑的理论框架并提出研究假设，为后续分析奠定基础。

（3）实证分析法。以 2012 ~ 2019 年上市公司为样本，实证分析年报语调对股价同步性、股票流动性和股价崩盘风险的影响，主要包括：描述性统计，即主要变量指标的分布状况，判断各变量的特征；OLS 多元线性回归，即控制公司特征以及资本市场特征的影响因素，年报语调对资本市场定价效率（股价同步性、股票流动性、股价崩盘风险）的影响，并且检验了公司信息透明度和投资者情绪在年报语调与资本市场定价效率之间的中介作用，进一步检验了在不同年报可靠性的情况下，年报语调对资本市场定价效率的影响，得出相关结论和政策建议。

（4）对比分析法。为了检验年报可靠性的影响，进一步分组检验了年报语调在不同年报可读性、语调与业绩是否一致、是否存在管理层动机，对资本市场定价效率的影响，基于不同情境进行对比分析，从而进一步加深了研究结论的深度。

1.3.3　研究技术路线

按照提出问题—分析问题—解决问题的思路，展开写作思路（如图 1.2 所示）。首先，立足于研究背景，对年报语调、资本市场定价效率、股价同步性、股票流动性和股价崩盘风险的概念进行界定，提出研究问题；其次，对年报文本信息披露和资本市场定价效率的基本理论进行了梳理和分析；再次，分四个主题"年报语调与资本市场定价效率""年报语调影响资本市场定价效率的机制检验""年报语调与资本市场定价效率：可靠性""基于负面语调的公司层面特质性信息传递的分析"进行实证研究；最后，得出结论，有针对性地提出政策建议，梳理写作中存在的局限性和对后续研究的展望。

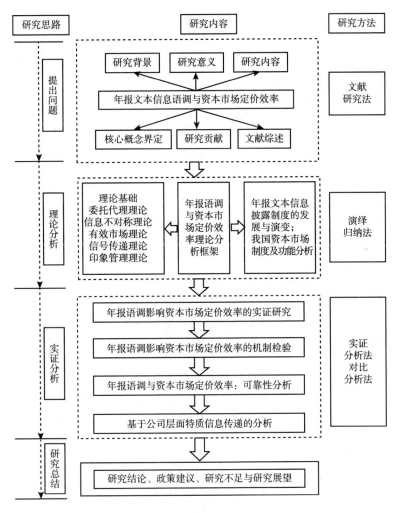

图1.2 研究技术路线

1.4　主要创新之处

深入探讨了年报语调对资本市场定价效率的影响及其内在影响机制，研究的创新主要体现为以下四个方面。

第一，从年报语调和可靠性方面多维度地考察文本信息，拓展了上市公司年报文本信息披露的研究外延。近年来，关于年报文本信息披露的研究逐步兴起，但是现有文献多从单一维度研究文本信息，如语调、可读性、复杂性等，研究视角较为局限，将语调和可读性结合，探究在不同的年报可读性下，年报语调产生的影响是否一致。除此之外，还从语调与业绩是否一致以及是否存在管理层动机的角度探讨了年报语调信息的可靠性，从信息披露真实性的角度进行系统性的探讨，为后续研究年报语调开辟了新的研究视角。

第二，现有文献大多是从资本市场定价效率的单一方面（股价同步性、股票流动性、股价崩盘风险）来探究其影响因素，本书主要从股价同步性、股票流动性和股价崩盘风险三个方面较为全面地对资本市场定价效率进行研究，拓展了关于定价效率的研究边界并加深了理解。而且，关于资本市场定价效率的研究大多关注的是标准的财务信息，尤其是文本信息对其影响研究较少。然而随着计算机文本分析技术的不断发展以及数据处理能力的提高，我们能够使用"语义分析法"对上市公司披露的年报文本信息进行全面的分析。文本信息作为"信息市场"中重要的"信息产品"，影响着投资者决策、股价的形成以及资本市场的资源配置。因此，所分析的年报语调，是从信息源头对资本市场定价效率影响因素的文献做进一步的补充和完善。呼吁监管部门加强深度学习、大数据等智能科技在资本市场信息监管中的应用，提高公司的信息披露质量。

第三，构建了"年报语调—信息透明度—资本市场定价效率"和"年报语调—投资者情绪—资本市场定价效率"的一般理论分析与实证研究框架。研究发现年报净正面语调是管理层的策略性披露,降低了上市公司的信息透明度,影响了投资者的情绪,而信息透明度和投资者情绪会影响资本市场运行,是股票进行定价的核心因素。有助于更深入地理解年报语调影响资本市场定价效率的传导机制,为类似研究提供了新的思路。

第四,进一步深入研究了年报负面语调对资本市场定价效率的影响,发现年报负面语调对资本市场定价效率的影响具有提升的作用,体现在降低股价同步性、提高股票流动性和降低了股价崩盘风险。并且,进一步检验了公司特质信息的传递,发现年报净正面语调与公司股票价值不显著,与公司价值显著负相关,说明年报净正面语调中的特质信息较少,无法较好地传递到资本市场中,从而损害了资本市场定价效率。因此,本书基于信息披露基本原则,探究资本市场定价效率,相对以往研究更加全面和系统。

1.5　本章小结

本章介绍了资本市场定价效率的研究背景,并对信息披露对资本市场定价的重要性进行了阐述;梳理了全书内容、方法与技术路线;总结了创新之处。

第2章

文献综述

2.1　核心概念界定

2.1.1　年报文本信息概念界定

（1）文本信息的概念界定。年报中的文本信息是指年报中以非财务数据的形式出现，主要描述公司的经营状况，为资本市场上的参与者提供决策有用的信息。与会计报表中的数字信息相比，文本信息能够更直观地揭示公司未来的发展趋势。上市公司中的年报文本信息主要包括公司组织结构、对核心技术的研发以及引进、生产产品的质量、人力资源的应用情况以及资本结构等各个方面的信息，除了这些公司的基本信息之外，还包括了管理层对公司当前经营状况的分析和未来业绩的预测。这些信息不仅回顾了企业过去的状态以及经营模式，而且能够详述公司所处行业未来的竞争趋势、战略方向、公司资金需求以及在宏微观环境的变化下公司面临的风险。年报文本信息是对盈余的一种补充和解释，有利于投资者获取更多有用的信息，从而促使投资者制定合理的决策。

（2）信息披露的界定。信息披露主要是指上市公司把内部的信息以对外报表的方式公开披露的行为。信息披露是公司与资本市场参与者沟通的重要方式，并且投资者是根据公司信息披露的内容进行投资决策。因而信息披露显得至关重要。首先，真实性是信息披露的首要原则，要求发行人披露的信息是真实客观的，要有充分的证据证明重要事件和财务会计资料的真实性。其次，完整性是信息披露的基本要求，要求披露的信息无论是从数量上还是内容上应该是完整、没有遗漏的。最后，准确性原则要求发行人披露的信息是由证监会和会计师事务所审核通过的，引用的数据有来源。然而，在法律法规的指引下，公司信息披露的违规行为屡见不鲜，一方面，企业通过虚增资产、收入或者利润吸引投资者；另一方面，很多公司会出现"业绩洗澡"的情况，该计提的不计提，导致了信息失真。监管部门严厉打击此类问题，如果公司出现重大信息披露失真、欺诈和涉及国家安全的违法行为，将被强制退市。从表 2.1 可以看出上市公司的定期报告对投资者至关重要，其中的年报更是重中之重。

表 2.1　信息披露的主要内容

信息类型	披露时间	信息主管机构	信息披露内容	信息法规制定机构
发行信息披露	公开发行前	证监会	招股说明书	证监会制定细则
			上市公告书	
			配股说明书	
	上市后的定期报告	证监会和证券交易所	季度报告	
			半年度报告	
			年度报告	
持续信息披露	上市后的临时报告	证监会和证券交易所	重大事件	交易所制定细则
			合并报告	
			收购公告	

（3）年报语调。年报（annual report）是上市公司每一个会计年度都需要对外披露的，主要是对报告期内经营和财务状况的披露，具体内容主要包括：公司概况、重要事项、股东情况、组织结构、债券情况以及一些

备查文件。根据 2017 年修订的《公司信息披露内容与格式准则第 2 号〈年度报告的内容与格式〉》规定，年报应当由具有较高专业水平和实践经验的会计师事务所审计，且审计报告是需要有资历的注册会计师签字的年报的。年报的编制人员是公司的董监高人员。不难看出，编制年报的人员比较复杂，容易出现年报信息不真实的现象。特别是 2001 年安然事件发生以来，财务舞弊导致会计信息失真的现象频繁发生。近年来证监会高度重视公司的信息披露行为，加大监管和惩罚的力度，增加公司的违规成本，从而达到净化信息环境的目的。所以随着证监会监管力度加强，年报在一定程度上缓解了上市公司与投资者之间存在的信息偏差。

年报语调是年报文本信息的一个重要特征，使用智能算法对其分解并语义剖析后，发现文本信息中包含大量的情感词汇，一些是正面词汇，一些是负面词汇，这些词汇表达出了信息披露者的心态和情感倾向，将其定义为"年报语调"。其中，年报正面语调是信息披露者使用较多的正面词汇，并且所表述的情感是积极的（Henry，2008），体现了年报文本信息的乐观性；负面语调是通过阐述负面的结果或者用负面的语气表达的结果，体现了年报中定性的文本信息的悲观。管理层披露的年报语调和其掌握的私有信息存在一定的关联，当管理层掌握了大量公司信息时，其所披露的语调较为积极，除了对外界展示公司稳定发展的信号外，还能传达出管理层对公司前景的乐观估计。当管理层手中的信息较为负面时，出于对自身利益和股价稳定的考虑，管理层披露的信息未必是真实准确的，内容上会模糊公司的重要信息，更多披露一些无关紧要的信息。

（4）年报可读性。借鉴阎达五和孙蔓莉（2002）的研究，将可读性定义为读者在阅读一篇文章时，理解文中词汇和语句的难度。文本可读性的难易程度不仅与文本难度相关，包括句法结构、专业词汇与难词的占比，也与阅读者的理解能力、教育背景和智力水平等相关。从理论上讲，只有投资者的能力和动机与其接收的信息相匹配，信息达到充分理解，才能认为信息传递高效完成。文本可读性越高，代表公司披露的信息越通俗、越容易被读者理解；反之，年报中的词汇和语句越难被读者理解。本书根据句子中词汇的前后搭配顺序来估计各个句子的生成概率，计算公式为：

$Readability = \dfrac{1}{N}\displaystyle\sum_{n=1}^{N}logPs$，其中，$Ps$ 表示句子 s 生成的概率；N 表示构成文本的句子数。$Readability$ 越大，文本中的词汇和语句越容易被读者理解，可读性越高；反之文本不容易被理解，可读性较差。在公司年报中，80% 左右是文字信息，其中至少 40% 会被专家利用，所以年报表述得清晰与否、可理解性有多高，很大程度上决定了年报信息的传递效率和投资者的决策。因此，年报可读性对于公司管理层和利益相关者而言，都是值得关注的问题。

2.1.2　资本市场定价效率概念界定

（1）效率。经济资源是一定的，为了使每个人都能享受到资源，就需要有效地配置资源，让有限的资源发挥最大的作用，尽可能多地产出人类所需要的，这就涉及了效率（efficiency）。萨缪尔森的《经济学》中效率被定义为资源充分得到利用，不存在浪费的现象，即当一种物品减少时，就不能增加另外一种物品。帕累托给出的定义是：对于某种资源，若不存在其他配置，使得该经济中的所有人至少和他们最初的选择同等好，而且至少有一个人比初始的选择更好，这样的话说明这种资源配置最优。经济学中的效率通常理解为在激烈的竞争环境下实现均衡，类似于帕累托最优。个人在意的是效用，企业在意的是利益，竞争在其中起到了调节的作用，通过价格的调整实现市场上每一个商品的均衡，从而实现个人效用和企业利益的最大化。

现实中的帕累托最优很难达成，为此，经济学家们寻找另一种方法代替帕累托效率。斯泰登（1986）认为，当一种资源被使用者以最高的价格支付时，说明该资源被有效利用了。新制度经济学中的一位学者认为，竞争是一种有效率的经济组织形式，其中交易费用最小的形式是最有效率的。因此，可以看出来，制度经济学中效率更多考虑的是交易费用的大小。

森（1975）将效率分为两类：一类是生产效率；另一类是帕累托效

率。前者指生产部门如何支配手头的稀缺资源，生产出最大数量的产出品，让有限的资源发挥最大的作用，可以将这种行为理解为"资源运用效率"。后者指如何在不同单位、区域、行业分配有限的资源，将有限的资源发挥无限的作用，将其可以理解为"资源配置效率"。

中国学者给经济效率下的定义是：经济效率是指社会利用有限的资源使效用得到满足的程度，可以通俗地理解为资源的利用效率。在其他的一些著作中，经济效率又可以理解为"配置效率、组织效率和动态效率"。因此，效率在不同的环境下会有不同的概念，我们需要在特定环境下对效率下定义，其是一个复杂且多维度的概念。

（2）资本市场。学者们对于资本市场的界定存在较大差异。熊彼特将资本市场定义为"与资本相对应的市场"。斯蒂格利茨将其定义为"取得和转让资金的市场"。在现在的著作里，资本市场、货币市场是存在差异的，并不能一概而论，需要根据要求权进行划分，这里的要求权是指金融资产持有人按照持有数量所获取的权利，包括债券和股票两种要求权。弗兰克·J. 法博齐等在《资本市场：机构与工具》一书中认为，货币市场和资本市场归属于金融市场，期限在 1 年内被认为是短期，被定义为货币市场；长于 1 年被定为资本市场。詹姆斯·范霍恩（James C. Vanhorne）将资本市场定义为"期限在 1 年以上的股票和债券的交易市场"。赫伯特·E. 杜格尔（Herbert E. Dougall）和弗朗西斯·J. 科里根（Francis J. Corrigan）认为，资本市场是长期资金票据的市场，对货币市场和资本市场进行严格的定义和划分是不妥当的。弗里德曼（Benjamin M. Friedman）认为资本市场是"通过识别风险进行定价，从而实现新资本优化配置的市场"。当前关于资本市场的定义各抒己见，一部分人将资本市场视为股票市场；一部分人视为金融市场。因此，可以看出来无论是国外还是国内，资本市场被赋予了不一样的含义，在下定义时要视具体情况而定，很难肯定一种定义或者否定另一种定义。

从上述列举的内容看出，资本市场的定义有很多种。学者们大多是从自己研究的领域对其进行定义，使用某种定义要视具体情况具体分析。通过梳理文献发现，以期限为依据对资本市场进行定义是较普遍的，也就是将金融市场分为货币市场和资本市场，以期限为依据的好处也包括能够将长短期概念结合起来。短期是指固定资本总量以及生产技术来不及改变的期限；而长期则是来得及改变的。显然，货币市场是与短期对应的，通过金融资产交易形成企业的现金流，以保持企业日常的经营活动正常运行以及维持现有的生产能力；长期与资本市场对应，企业不仅有时间改变资本总量和所使用的生产技术，而且可以通过金融市场筹集到扩大生产规模所需要的资金。资本市场作为金融交易的市场，涉及股票、债券、衍生工具以及信贷市场。

（3）资本市场定价效率。效率在经济学领域中给予了许多特殊定义，而提及的帕累托效率和生产效率并非完全适用于资本市场效率。因为资本市场属于一个特殊形态，会竭尽全力将储蓄化为投资，最大限度地帮助资金需求者。因此，资本市场的效率本质上是指其将储蓄转化为投资所体现的效能。

目前关于资本市场效率并没有统一的定义，古典经济学将其定义为资源配置效率。相对应地，资本市场效率即为资金和金融资源的高效利用。前者是以最低成本提供给资金需求者；后者是指将稀缺的资源提供给能创造产出的使用者。关于定价效率，主要是从信息有效性的角度来考虑，当股价能够充分反映公司信息时，那么市场就是有效的。

资本市场定价是由信息、偏好、市场供求均衡这几个环节决定的。理性的投资者会依据手中获取的信息并结合偏好进行投资。定价可以理解为，由一个具有权力的主体（政府或者垄断者）来规定一个价格。在市场经济里，需求决定价格，当供不应求时，价格提高；当供大于求时，价格降低。资本市场定价效率是指证券价格揭示信息的准确程度。奥尔森（1995）认为，公司账面价值和公司盈余等是公司最基本的信息，同时也是决定股票价格的主要因素，除此之外其他信息也会影响定价效率。定价期间方面，资本市场定价效率不仅体现在能否反映公司的基本信息，也体现在当公司出现变动时，股票价格能否对该信息做出及时反应。在定价方面，涵盖财务和非财务信息两方面。从长期来看，会计报表中的财务信息是股票价格的决定因素；从短期来看，与公司相关的信息都会导致股价变动，无论信息是否准确。定价效率方面，股价回报率反映了资本市场定价效率的高低，一般采用某种信息与公司股票收益率的回归系数，系数越大代表定价效率越高。

借鉴谢黎旭等（2018）、李志生等（2015）、褚剑和方军雄（2016）等文献，将定价效率分为三个角度进行诠释：股票流动性、股价稳定性和股价信息含量。

①股票流动性。股票流动性是衡量定价效率的重要指标，如果流动性较低，交易是没有办法完成的，股价不能对信息产生及时有效的揭示。流动性的研究成果较丰富，目前尚未对其有一致的定义。布莱克（1971）认为，流动性是指市场上的任一证券均可随时进行买卖，小额证券不断接近市场价格，大额证券不断接近平均价格。李普曼和麦考尔（1986）认为，某一资产能够按照预期的价格卖出，则认为附有流动性。施瓦兹（1988）指出流动性是当前证券市场上以较为恰当价格出售，不高估也不低估。阿米胡德和门德尔松（1989）指出流动性是寻找理想价格所经历的时间。欧哈勒（1995）在研究中提出流动性是当即完成证券买卖交易的价格。凯尔（1985）将股票流动性分为三个方面：一是紧度，短期内买卖股票所需要的成本；二是深度，随价格变化的交易数量；三是弹性，即股票价格在扰乱中恢复的速度。

②股价稳定性。股价稳定性是一个具有丰富内涵的动态概念，学术界并没有一个明确的定义，大多数是从股价泡沫和股价崩盘的角度来阐述股价的不稳定性。将股价稳定性定义为资本市场的参与者达到了均衡，使股票价格不断接近其内在价值。基于此，从股价崩盘风险的角度对股价稳定性进行阐述。

关于市场层面的股价崩盘风险的定义，主要包含以下三个要素：一是在没有发生任何坏消息和突发事件的情况下，股价发生了大幅度的异常波动；二是股价波动表现为非对称性，负向波动远远大于正向波动的幅度；三是股价崩盘具有传染性，单个股票价格的暴跌会传染给一系列股票的大幅下跌。在1970年左右，学者们相继提出了杠杆效应假说和波动率反馈假说。杠杆效应假说（Black，1976）认为，当股价下跌时，公司的财务风险和经营风险加大，从而导致股价收益率的波动性上升，一定程度上解释了股价波动的不对称性。波动率反馈假说（Pindyck，1984）认为，信息是造成股价波动的原因，好消息会提高股价的波动率，但同时产生的较高风险溢价会抵消掉好消息的积极作用，降低好消息带来的股价收益。当市场传来坏消息时，负面作用和风险溢价所造成的影响会相互叠加，带来更严重的损失，这是市场暴跌现象频发的主要原因。

③股价信息含量。股价信息含量是指在上市公司对外披露年报信息之前，股价已经可以反映公司的内在价值以及未来发展前景的有关信息。比弗（1980）认为股价信息含量是一种增量信息，是未来盈余超过历史盈余信息的部分。也就是说，若股价预测未来盈余信息的能力比较强，且优于历史信息，那么，股价被认为是具有信息含量的。比弗等（1987）以及麦克尼克斯（1989）均证明股价具有反映未来盈利能力的信息含量。

股价波动受三方面信息的影响，涉及市场、行业和公司层面信息（Campbell et al.，2001）。市场和行业层面的信息属于公共信息，是在媒体以及相关网站上查询到的，投资者较容易搜寻到，可以较低的成本获取信息，而这些信息的价值较低，难以预测公司未来的盈利能力以及企业价值，只有公司层面的特质信息，从其他渠道难以获取的信息才能够对公司做出准确的预测。学者们大多数情况下会用股价特质信息的含量来估计信息效率，当股价充分地反映公司内在价值和特有风险时，说明市场的信息处理是有效率的；而当股价反映不足或过度反映时，说明市场的信息效率是无效或者较低的。基于此，本书从股价同步性的角度对股价信息含量进行阐述。

关于股价同步性的机制研究，学术界并没有达成一致。目前学术界关于股价同步性与资本市场信息效率的研究有两种不同的看法：信息效率说认为股价同步性与信息效率呈负向关系；噪声说认为股价同步性与信息效率呈正向关系。此外，中国股票同步性处于较高的水平，但是由于我国监管体制的不断完善，我国的股价同步性逐步呈下降的趋势，股价所带来的企业个性化信息量逐步增加。目前大量学者支持了"信息效率观"，本书延续了这一观点，认为股价同步性与信息效率负相关。

2.2　年报文本信息披露经济后果

2.2.1　年报文本信息语调

（1）语调的衡量。现有文献对语调的衡量技术比较常见的有两种：词袋法和机器学习法。词袋法是忽略文本中的词语顺序、语法等，将其看成是词的集合，然后基于特定"词典"和规则对文本中的词频进行统计。这种方法相对简单，适用范围较广，但由于忽略了词语的顺序和上下文的含义，使其深度解析的精确度较低，难以获取到管理层传递的关键信号。已有研究显示，常用的词典分为两大类："通用词典"和"专业词典"。部分研究借助于通用词典，例如 GI 哈佛情感词典，由社会心理学家开发，适用范围较广。专业词典由拉夫兰和麦克唐纳（2011）基于公司年报建立的正面词库、负面词库、不确定性词库、合法性词库、强确定性词库和低确定性词库，简称 LM 词典，是国内应用较为广泛的专业词典。和国外研究相似，使用率比较高的有"通用情感词典"和台湾大学制作的《中文情感极性词典》。我国学者采用的专业性词典多是参照 LM 词典，谢德仁和林乐（2015）在此基础上构建使用特定文本的专业情感词典，可以成为自编类词典。此外，在进行词频统计时，可采用简单词频等权重统计和 ti – dif 逆文本频率指数法（Loughran and McDonald，2016），前者较容易实现，后者强调文本中的高频词汇（王天奇和管新潮，2017）。

机器学习法包括朴素贝叶斯和支持向量机等，该方法比较成熟，使用机器对研究的文本进行反复阅读，构建较为准确的文本分类数学模型，进而对文本进行分类（肖浩等，2016），该方法准确率比较高。以贝叶斯算法为例，此方法有数千种规则衡量文本语言之间的联系，其他研究员面临能否对结果进行复制的挑战。李（2010）对年报中体现未来发展和前景的前瞻性陈述进行了检验，使用的方法是贝叶斯法。

（2）文本语调类型。不同的语言属性，包括正面语言和负面语言对信息处理方式有重大影响。卡茨（2001）认为语言会影响信息的理解，它可能会传达并激发另一个群体的不同价值观和情感。科尔尼和刘（2014）发现公开披露的文本信息是文本语调的主要来源，因为这些信息是具有信息优势的管理者发布的，语言风格和语气传达了公司未来发展趋势以及管理层态度的重要信息。这种文本情感在验证公司业绩和资本市场的定性信息时具有较强的作用。同时迈耶罗维茨和柴肯（1987）发现负面信息的影响大于正面信息的影响，一定程度上印证了为何文本中的信息常以正面语调居多。卡尼曼和特韦尔斯基（1979）发现负面语调不仅会对公司业绩进行否定，也会造成"损失大于收益"的局面。接下来，按照信息披露的形式，逐一分析其语调的应用。

①年报语调方面的应用。随着计算机数据处理能力的不断提升，文本分析成为当前会计研究的热点，相比于财务信息，文本信息表达方式多样化，具有财务信息难以体现的内涵。管理层作为公司的内部管理人员，具有一定信息优势的同时也具有文本信息披露的主动权，在披露文本信息的过程中会渗透着情感态度以及发展方向，在其中会体现出用正面和负面的情感表达的管理层语调（Price et al.，2012）。李（2010）发现管理层讨论与分析中体现公司发展前景的前瞻性文本语调和内容会对公司的业绩和流动性起到预测的作用，使投资者做到心中有数，避免公司股价产生过度的波动和对资本市场产生负面影响。费尔德曼等（2010）第一次在论文中分析了年报中的语气会对市场产生何种反应，发现正面（负面）语调与两日内的股票超额收益有显著的正（负）相关性。拉夫兰和麦克唐纳（2011）创建出积极语调与消极语调的金融情感词汇表，并进一步验证了语调能够预测。德默斯和贝加（2011）以季度为单位，以业绩说明会为研究对象，得到正面语调可以起到预知公司业绩的作用并且短期内会产生超额收益。普莱斯等（2012）和戴维斯等（2012）研究发现，年报中呈现的语调向投资者提供了更多有用信息，并且投资者可以理解这些信息，不会产生分歧，做出与语调相一致的反应。迈耶等（2015）认为企业披露的 MD&A 内

容以及正负面语调具有显著的预测作用。

以中国的年报语调为研究对象，林乐和谢德仁（2016）发现投资者会听话听音，当公司净语调比较正面时，投资者会加大力度，做出明显的正向反应。林乐等（2017）发现文本语调可以为分析师的预测提供有效信息，促使分析师及时更新报告，提高信息的利用效率。孟庆斌等（2017）研究了年报中的 MD&A 部分，发现其中的信息含量越高，股价暴跌的可能性降低，而且进一步发现展望部分的信息对于投资者的作用更大，可以有效缓解股价暴跌的风险。甘丽凝等（2019）发现管理层语调具有定价功能，能够降低上市公司的权益融资成本。范黎波等（2020）发现管理层语调会提高企业的社会责任，表现为促进企业的慈善捐赠；刘建梅和王存峰（2021）发现投资者对年报的正面语调和消极语调的反应具有不对称性，表现在市场对正面语调均做出了正向反应；而市场对负面语调做出消极反应。钟凯等（2021）发现管理层语调具有外部性，蕴含了更多行业前景信息，投资者会格外注重负面信息，因为负面信息包含的信息含量更大，也发现同业公司股价对负面语调的反应更强。

然而，由于文本信息不会受到会计准则的约束，并较少受到来自监管的压力，致使管理者可以根据自身的需求安排内容。现代企业制度所有权与经营权分离，管理层存在信息优势，拥有更多关于公司财务状况、经营业绩、发展前景的信息（Berle et al.，1930）。而一些中小投资者和散户处于劣势地位，对公司当前所处的状态、投资项目的进展情况以及与上游供应商和下游客户签订合同的风险很难了解到确切信息，加剧了与公司的信息不对称。

处于劣势的投资者无法详细了解公司当前的项目、产品和风险，进而导致内外部的信息不对称加剧。尤其是当业绩下滑时，年报语调被管理层"粉饰"的可能性更大，管理层凭借自身具有的信息优势，可能会对语调操纵，增加理解难度，降低外部投资者对财务信息操纵的怀疑，防止对股价造成不良影响。科塔里等（2009）利用 GI 技术分析了管理层讨论与分析、分析师报告和商业新闻的正负面语调，并进一步检验其市场效率，发现正面披露会降低公司股票收益波动率。布罗克曼等（2013）发现在信息不对称的市场中，积极的语调可能是管理层为了隐藏坏消息或机会主义行为而刻意误导投资者的有偏信号。黄（2014）以美国年报为对象对其语言分析，将信息划分为正常乐观语调和异常乐观语调，其中异常正面语调代表语调管理，发现异常正面语调越多，公司未来的业绩越差，同时也会发生资金短缺和现金流断裂的情况。曾庆生等（2018）发现年报语调越正面，了解公司内部情况的内部人抛售股票的可能性越大，并非公司真实的经营情况，而是为了蒙蔽投资者；周波等（2019）发现年报语调的积极程度越大，股价崩盘的可能性越大，而考虑语调的真实可靠性后，真实的语调会起到积极的信息效应，从而抑制股价崩盘，说明正面语调可能是管理层对外呈现良好状态、操纵信息的结果。张程等（2021）将年报语调（"言"）与内部人交易（"行"）视为两个信号，检验投资者能否甄别两个信号的不一致程度。发现当年报对外公布后内部人卖出股票时，年报语调越正面，交易日之后的短期市场反应越消极。当不一致程度越高时，投资者会根据内部人减持行为的负面信号，对基于年报语调形成的原始预期进行较大幅度的向下修正行为，也就是说，市场能够甄别管理层的"靖言庸违"行为。

②电话会议文本语调方面的应用。电话会议属于企业的自愿行为，也是向外界传递信息的重要方式（Brown et al.，2004）。在电话会议中，企业管理者可以针对市场关注的热点话题与投资者展开详细交流，特别是在问答环节，投资者可以根据自身的信息需求直接向管理者发问，因此，电话会议可以透露出管理者的真实语气，向投资者释放更多的公司特质信息。从举办电话会议的因素来看，成长性越高（Frankel et al.，2006）、股东基数越大（Bushee et al.，2001）、财务报表信息含量越低（Tasker，1998）的企业更愿意采用电话会议的形式进行信息披露。鲍恩（2008）和金布罗（2005）等发现电话会议能够为分析师提供更多的信息，提高其盈余预测的准确性，进一步发现沟通的时间越长，准确度越高。阿列和德安吉利斯（2015）发现季度盈余电话会议所传递的语调是公司信息披露的重要内容。并且从电话会议中考察管理层的语调，并用语调的偏离评估管理层披露信息的质量以及投资者的反应，发现语调与业绩、决策以及管理者

激励有密切联系。普莱斯等（2012）研究了电话会议对资本市场的反应，发现通过这种方式传递的信息能够预测股票收益以及交易量。语调对收益具有较强的解释力，说明了电话会议为资本市场提供增量信息。戴维斯等（2015）发现电话会议上管理层的语气不仅是对公司未来业绩以及发展前景的体现，也是经理人乐观情绪或悲观情绪的展示。进一步发现，个别经理人的语调奠定了整个电话会议的基调，表明经理人的风格可能会影响市场对公司最重要的披露事件的反应。与盈余电话会议具有一定相似性的是公司定期召开的业绩说明会。谢德仁和林乐（2015）得出在业绩说明会上管理层与外部利益相关者沟通所表达的情感语调可以预测未来业绩；林乐和谢德仁（2017）发现业绩说明会语调会促使分析师及时更新报告，且提高了评级水平。钟凯等（2020）也发现这种语调可以提高分析师盈余预测水准，声誉高的分析师能够更好地利用业绩说明会语调信息，做出更为准确的预测；甘丽凝等（2019）发现业绩说明会语调有助于改善信息环境，进而降低股权融资的成本。

③媒体文本语调方面的应用。媒体通常会向大众呈现出公司经营现状以及发展前景的判断，而媒体在编辑信息时，会带有感情色彩，进而演化为某种情绪，影响资本市场的运行。投资者作为媒体的受众，他们更愿意听到公司正面的消息，媒体为了阅读量会迎合投资者的这种需求，尽可能地报道正面的信息，减少甚至不报道负面新闻，降低了报道的客观性，导致了媒体信息角色的偏离（Mullanaithan and Shleifer, 2002）。不过，这种偏离是暂时的，随后也会反转。泰洛克（2007）使用哈佛心理学词典中的词汇分类法，在文本中提取媒体报道的语调，将负面词所占的比重与道琼斯指数进行回归，发现负面语调可以预测下一交易日的指数下行，并会在接下来的四天内发生反转。陈等（2014）在 ProQuest 搜索引擎中，发现媒体会导致市场情绪发生变化，若报道并非真实，那么报道数量越多，资产误定价程度越高。游家兴和吴静（2012）发现媒体表现的情绪越正面，股价会向上偏离企业的真实价值，加剧了资产的误定价。瑞纳坎普（2012）发现当媒体报道的语调较为积极时，估值判断的变化会更积极。而当媒体报道的语调较为消极时，估值判断的变化会更加消极。泰洛克（2007）发

现媒体语调会影响投资者情绪，国内学者郑志刚等（2011）也对此结论进行验证。媒体情绪也会对 IPO 溢价造成影响，正面的报道会导致投资者情绪高涨，表现为 IPO 公司首日换手率的上升。汪昌云和武佳薇（2015）对公司 IPO 前后的报道进行语调分析，得出负面消息比正面消息的解释力强。媒体情绪也会影响到管理层。刘和麦康奈尔（2013）发现管理层在进行资本分配时具有声誉风险，媒体报道的语调会影响管理层对股价的敏感度。

④分析师报告在文本语调方面的应用。近年来，分析师研究报告的文本信息逐渐成为研究热点，阿斯奎斯等（2005）通过对分析师报告中的主题元素进行手工分类，构造指标衡量分析师研究报告文本语调，并预测和解释了超额累计收益，发现分析师报告文本语调显著影响报告日前后 5 日的超额收益率。在此基础上，特威德和里斯（2012）发现分析师的文本语调可以释放分析师对于该公司的潜在认知，且包含对于盈余预测和荐股的增量信息，但是该研究的样本均为 2006 年承销行首次研究报告，且大量为积极语调样本，结论的普适性尚存争议。黄等（2014）使用朴素贝叶斯机器学习方法对分析师研究报告的文本信息进行分类，发现文本信息蕴含着更多对于公司预期盈余信息的分析，文本和数字信息结合起来促进了投资者理解。伊志宏等（2019）检验了负面信息在特质信息作用于股价同步性过程中的调节作用，发现市场对于负面信息的反应更加剧烈。特威德和里斯（2012）认为，分析师语调反映了分析师对公司的潜在情绪，可能会干扰投资者的判断。温切尔（2015）发现，当分析师提供相对明确的正面论据时，投资者会研判内容而不是盲目跟从。与单方面论证相比，在正面报告中加入负面评价会增加可信度，这使得投资者更加相信未来企业会有更好的业绩。吴武清等（2020）发现，分析师积极的文本语调通过激励公司发布更多公告、引导机构投资者买入和吸引其他分析师研究报告，显著降低股价同步性。此外，分析师语调与管理层也有关系。利比等（2008）发现，分析师与企业管理层保持良好关系时，沟通起来会更加顺畅，可以直接通过电话会议和信息访问受益。管理层报告中的风险披露部分属于负面语调，负面语调的占比会影响分析师跟踪数量。克拉维茨和穆斯卢

（2013）发现，披露的风险信息增加了预测分歧以及预测修正，因为风险信息增加了信息的不确定性，因此理解起来的难度增加，分析师对信息的解读存在偏差，预测结果并不代表企业真实的情况，进而降低了预测的准确性并且会产生分歧。

2.2.2　年报文本信息可读性

（1）可读性基本简介。关于可读性的研究始于 19 世纪末的欧美地区。最初，大学教授谢尔曼（1893）最初会对不同时期的句子进行语句分析并计算其平均长度，在研究的过程中发现，英文句子结构不断缩短——含词量从 50 个慢慢缩至 23 个。简短的句子通俗易懂，更易于阅读者解读，可读性得到了有效的改善。

莱夫利和普雷西（1923）计算了每一千个单词中单词数量、桑代克词汇列表中索引不到的单词数量以及索引到的单词数量的中位数，研究发现索引数的中位数是测度理解力的恰当衡量方法，其值越大，代表文本可读性越高。沃格尔和沃什伯恩（1928）提出了温内特卡公式，其可以匹配文本的水平和阅读者的理解能力。

随后，很多学者开始探讨人阅读能力的有限性，格雷和利里（1935）完成了《什么使书具有可读性》一书，在这本书中确立了影响可读性的因素。之后，出现了一系列公式，比如 Dale – Chall 公式、SMOG 公式等测度方法。可读性公式大概有两个具有共性的变量：一是语义变量，如认知难度；二是句法变量，如整个句子平均长度。

拉夫兰和麦克唐纳（2014）将可读性视为外部利益相关者获取价值信息的能力。并且指出可读性可以作为评估文件质量的重要变量。李首次用雾指数衡量可读性，之后中国研究人员应用此衡量方法研究可读性。

（2）可读性的衡量。关于可读性的衡量，国外的研究已经比较成熟，但由于中国语言的复杂性，对中文年报可读性的衡量尚未成熟。国外常用迷雾指数即平均句子长度与复杂词汇占比的线性组合衡量年报的可读性，公式为：迷雾指数 = 0.4 ×（每句话中的单词数 + 每句话中复杂词汇的比例），其中，复杂词汇，指的是字母超过一定数量的单词，数值越低，代表可读性越高。但这一指标也存在着一定的质疑，主要是将"每句话中复杂词汇的比例"设置为可读性衡量指标的一部分是否合理。拉夫兰和麦克唐纳（2014）批评道，字母数多的单词未必复杂，好多长字母数的单词被广泛应用，不再具有复杂性。他们的实证结果证实，将复杂词汇的比例作为可读性指标并不是一个很好的衡量方法。更重要的是，在中文环境下无法直接照搬这一衡量方法。

李（2008）提出用年报篇幅间接度量可读性，具体是以文章总字数的自然对数进行衡量，认为篇幅越长，年报可读性越低。显然，这与相关研究在逻辑上是不一致的。现有研究表明，在年报中增加自愿性信息披露，说明公司愿意让外部了解自身情况，往往意味着更好的信息透明度（Eng and Mak，2003）。弗朗西斯等（2010）发现盈余质量更好的公司也会在年报中积极披露较多的自愿性内容，而不是对信息隐藏，蒙蔽外部投资者。显然，自愿性披露会使年报的篇幅与字数加大。这至少说明，文本长度可能是多种因素的结果，而不仅仅是操纵可读性的后果。从这个角度说明，将文本长度作为可读性的衡量方法可能存在指向不够清晰的缺陷。

拉夫兰和麦克唐纳（2014）用文本计算机大小（字节）计算年报可读性。因为他们认为字节数不仅捕捉了文本的长度，而且捕捉了文本中复杂词汇的特征，因而可能是一个较好的衡量方法，因此该方法得到了广泛应用。然而，这种方法并不适用于中文年报，英文每个字母或一个数字记为一个字节，因而文本大小一定程度上囊括了单词的个数和单词的复杂性，以及包含的数字等多个维度。而中文一个汉字记两个字节，一个数字记一个字节，因此，文本的字节数和文本长度几乎是完全替代的关系，也同样存在前述文本丰富性和可读性相矛盾的问题。

在文本信息研究中，弗莱什（Flesch）公式受到了学者们的青睐，该公式主要是由句子长度、前缀数量和后缀数量以及对人的引用数量三部分组成。随后，弗莱什（Flesch）在此基础上进行了修正，1948 年提出了简易公式，具体公式为：

$$Flesch\ Reading\ Ease\ Score = 206.835 - 1.015 \times ASL - 84.6 \times ASW$$

其中，ASL 为平均句子长度；ASW 为平均词汇音节数。公式的计算结果在 0~100，值越大，代表可读性越高。各段分值所对应的难度在表 2.2 中显示。

表 2.2　　　　　　　　　　　　得分与难度

易读性得分	难度描述	所需受教育年限
0~30	特别难	大学四年级以上
30~40	难	大学一年级至大学四年级
50~60	比较难	高中一年级至高中三年级
60~70	正常	初中二年级至初中三年级
70~80	比较简单	初中一年级
80~90	简单	小学六年级
90~100	非常简单	小学五年级

我国关于年报可读性的探讨起步较晚，阎达五和孙蔓莉（2002）沿袭国外测度的方法，采用弗莱什（Flesch）指数，测度了其可读性。孟庆斌等（2017）利用常见汉字词语所占的比例衡量年报可读性。王克敏（2018）从文字叙述逻辑和字词复杂性两个方面入手，采用的是会计专业术语计数法，该方法假定一般投资者不具备较强的专业背景，若年报中采用了大量专业术语，那么他们难以理解。孙文章（2019）借鉴 Fog 指数创新性地引入复杂长句、被动句和复杂词作为评价指标。阮睿等（2021）计算了常用词占比和文本确定程度来衡量文本可读性，使用 Python 中的结巴分词功能对年报文本进行分词，为了减少专业词汇分词出现歧义的情况，加载了金融类自定义词典。考虑到金融专业词汇对于投资者通常是常用词语，但可能并没有收录于不针对特定领域的《现代汉语常用词表》中，进一步把分词使用的金融类自定义词典与汉语常用词表合并，作为最终的常用词集。逯东等（2020）使用 Python 软件获取文件大小、字符长度、页数、汉字平均笔画数、被动句子数和会计术语数六个指标，然后对上述变量主成分分析，从而得出年报可读性指标，计算结果越高代表可读性越低。翟淑萍等（2020）使用常见字密度、句均含字量、逆接成分密度和会

计术语密度衡量年报可读性。

按照句子中词汇的前后搭配顺序来估计句子的生成概率，其计算公式

为：$Readability = \dfrac{1}{N} \sum\limits_{n=1}^{N} \log Ps$，其中，$Ps$ 表示句子 s 生成的概率；N 表示

构成文本的句子数。值越高，文本越容易被理解，文本可读性越高；反之文本不容易被理解，可读性较差。

（3）可读性的影响因素。年报是信息披露的重要组成部分，鲍尔和布朗（1968）开始研究年报对资本市场的影响。后续的研究大概围绕两个方面，一方面是年报披露内容，如管理层讨论与分析（Bryan，1997）、内部控制报告（Hammersley et al.，2008）以及社会责任报告（Dhaliwal et al.，2012）对资本市场的影响；另一方面是关注年报的语言特征，如可读性（Li，2008）、语调（谢德仁和林乐，2015）等产生的影响。关于影响可读性的因素，现有学者主要是从信息动机、免责动机、管理层自利动机三个视角展开分析的。其中，管理层自利动机是主要影响因素，管理层作为公司内部的管理人员，具有信息优势和一定的自由裁量权，在编制年报时会根据公司和个人的需求调整信息，尤其是公司业绩不乐观出现下滑的状态时，管理层会使用含糊不清和模棱两可的词语编制会计信息，避免信息使用者看出这种不乐观情况（Li，2008）。拉夫兰（2014）发现管理层会叙述"废话"误导读者，故意加大文本的篇幅，使投资者不能一下子解读出坏消息，从而实现隐藏的目标。其次，还有研究发现管理层的盈余操纵动机、政策法规的要求较低以及股东诉讼风险较低的公司（Ajina et al.，2016；Lo et al.，2017；Lang and Stice – Lawrence，2015；Nelson and Pritchard，2007），年报可读性较差。李和张（2015）将操纵可读性链接到了卖空问题上，当公司存在卖空压力时，年报可能存在混淆视听的现象，可读性降低，加大读者的解读难度甚至读不懂，避免股票被卖空。罗等（2017）延续这一思路，具体到年报中的 MD&A 部分，以此为切入点，检验了盈余管理和 MD&A 可读性是否有联系以及是如何联系的。当公司有微小盈余时，可读性较差；有微小盈余且有正向应计或真实盈余管理的公司，年报可读性较差。王克敏等（2018）发现当公司业绩出现下滑时，管理层会对年报动手

脚，加大其复杂程度，以误导阅读者。孙文章（2019）发现当公司对董秘进行激励时，有助于其履行应尽的职责，提高了信息质量。进一步发现获得嘉奖的董秘在披露信息时会较少地使用被动句和专业词。并且少数民族董秘或公司处于少数民族语言环境，在披露年报时使用少数民族语言，会降低年报的可读性。翟淑萍等（2020）得出问询函能够起到监管作用，不仅提高收函公司年报可读性，而且能够改善年报的信息披露行为。丁亚楠和王建新（2021）发现经济政策不确定性越大，管理层越可能通过操纵文本信息获取超额薪酬，年报可读性越低，即存在"浑水摸鱼"的行为，进一步发现市值较低以及风险水平高的企业更有动机操纵年报文本信息。叶勇（2018）发现盈余管理和财务重述均会降低年报可读性。

（4）可读性的经济后果。中文情境下的年报可读性一直以来备受关注。首先中文的年报篇幅较长，可能存在一定的难度。孙蔓莉（2004）发现仅有39%的非专业人士和55%的半专业人士能够领悟到年报的内容。一般而言，只有投资者具有处理信息的动机和能力，才能确定信息传递是高效完成的（阎达五和孙蔓莉，2002）。比德尔等（2009）发现较高的年报可读性会使公司的投资效率提高，分析师的预测准确性提高，减少分歧度（Bozanic and Thevenot，2015）。邦索尔和米勒（2017）发现年报可读性降低会引起公司债务评级分歧程度增加和债务融资成本上升。坦等（2014）发现当年报可读性差的情况下，具有信息优势的投资者也并不能发挥其优势，也不能对年报准确识别，也会受到所表达语气的干扰。游和张（2009）发现年报可读性较差的公司股价漂移现象更为严重。李（2012）进一步发现可读性高的季度报告会为投资者提供增量信息，使盈余信息充分地反映股价，从而降低了盈余披露后的股价漂移。瑞纳坎普（2012）认为年报可读性是非常重要的，因为可读性高意味着会计信息具有较强的透明度，投资者理解和处理信息会更加顺利。孟庆斌等（2017）发现年报中的MD&A能够为投资者提供增量信息，并且文本可读性高，可以减少崩盘发生的概率。阿赛等（2016）发现可读性的年报不能满足投资者的需求，因此，会通过其他渠道寻求外部信息，以最大程度掌握公司的动态。罗等（2018）发现可读性有助于提升信息透明度。勒哈维等（2011）研究得出，当公司披露的年报可读性较差时，分析师的专业水平显得格外重要，信息解读得越容易理解，越可以为投资者提供有用决策的信息。任宏达和王琨（2018）发现，依赖社会关系获取资源的企业对外公开的年报可读性较低，并且，产品市场竞争会提高上市公司披露的年报可读性。李春涛等（2020）发现年报可读性能够缓解企业的融资约束，但过多的信息披露会导致竞争对手窥探其商业机密进而损害企业的利益。此外，企业年报可读性越强，可能会导致资本市场上的利益相关者对信息进行过度挖掘，提高公司股票的流动性，造成企业面临敌意收购的概率变大（Stein，1988）。银行会对年报篇幅较长和可读性较低的企业设定更严格的贷款合同，以降低贷款风险。王运陈等（2020）发现可读性高的年报使投资者从中提取有价值的信息，做到心中有数，降低了内外部信息不对称，交易意愿增加，进而提高了股票流动性。

2.3　资本市场定价效率

在有效的资本市场中，上市公司定期对外披露信息的行为，其结果最终都会反映到市场中，具体是以权益定价的方式体现出来。因此，在本节中我们将从股票流动性、股价崩盘风险和股价信息含量三个方面对资本市场定价效率进行梳理。

2.3.1　股价同步性

（1）股价同步性的内涵。金（1966）最早使用资本资产定价模型（CAPM）探究股价同步性，发现个股收益率在很大程度上受市场和行业收益率的影响。然而，仅用市场和行业信息揭示股价波动性还缺乏说服力，莫克尔等（2000）提出使用 CAPM 模型的拟合值（R^2）衡量股价同步性，

R^2 越大，代表股价中包含更多的市场信息，并非公司特质信息，此时股价与市场价格具有极强的联系，会出现"同涨同跌"的现象；R^2 低则反之，后续学者沿用了此方法。

目前探讨股价同步性与信息效率二者之间关系的研究，主要有两种观点。一种观点是"信息效率观"，股价同步性越高，股价中涵盖的信息越少。另一种是"噪声基础观"，股价同步性越高，股价中涵盖的信息越多。这两种观点引发人们的深思，金融市场是否有效？当发生非同步性时，是市场有效导致的还是噪声驱使？罗尔（1984）发现美国股价具有明显的非同步性，从两个角度进行了解释：第一，从信息有效性角度来看，投资者可以获取和解读出公司信息，并据此做出决策，股价反映出了企业的真实价值，并非受市场因素的影响，从而降低了股价同步性。第二，从市场噪声的角度来看，股价非同步性的原因是，噪声的存在使得投资者不能明辨是非，容易受到噪声的误导，造成股价偏离了公司真实价值。后来，学者们解释股价同步性形成了两大学派——"信息效率观"和"噪声基础观"。并对此进行一一阐述。

①信息效率观。"信息效率观"认为 R^2 反映的是特质信息在股价中反映的程度，R^2 的值越大，股价中公司特质信息越低，股价同步性越高；相反，股价同步性越低。该学派认为股价波动可以为投资者带来新的信息，提高了信息效率。众多学者基于这种观点对股价同步性进行研究。例如，杜列夫等（2003）认为低 R^2 的公司估计中包含更多的未来盈余的信息。莫克和杨（2004）认为，当投资者获得充分有效的信息时，他们会根据自己掌握的信息对公司真实价值进行评估，并可以进一步对股价进行估计，从而提高资本配置效率。伍格勒（2000）也得出股价同步性较低有助于提高资本配置效率。

基于"信息效率观"，伊志宏（2015，2019）、朱红军（2007）、周铭山（2016）研究了分析师与股价同步性的关系，分析师具有信息挖掘的专业能力，能够将自己领略出来的特质信息向市场传递，缓解交易双方的信息不对称，降低股价同步性。唐松等（2011）、陈冬华等（2018）分别从政治关系和政府行为视角分析对股价同步性的影响，发现相对而言，获得政策支持的企业股价同步性会降低，进一步发现在信息环境较好的企业中效果更明显。黄俊等（2014）、金智等（2010）、胡军等（2015）、王亚平等（2009）发现媒体报道、会计信息质量、微博披露，能够进一步增加市场上特质信息的披露量，使尽可能多的信息反映到股价中。以上研究均验证了"信息效率观"。

②噪声基础观。真实有效的股价信息传递能够有效抑制"逆向选择"和"道德风险"问题，但是在现实中，宏观环境以及微观企业微小的变化都会波及股价，在这个过程中会伴随着噪声的产生。罗尔在研究中发现，由于新兴市场各方面还不完善，内部比较混乱，存在着大量噪声。行为金融学理论指出，投资者是有限理性的，需要对信息和噪声的成本与收益进行对比分析，从而做出决策。并且信息处理也会消耗资金，这在一定程度上也会降低信息的及时性，由此会加剧市场噪声的产生。当信息成本过高时，投资者为了节约资金可能选择不对信息与噪声区分，也就是做出非理性的决策，这样的话会降低资本市场的配置效率（Veldkamp，2006）。辛和曾（2012）验证了股价同步性低主要是因为市场中的非理性交易比较多，导致噪声进入了股价。

众多学者支持了噪声交易观。韦斯特（1988）认为，市场和公司层面的价格波动并不会很好地解释个体股价的波动，因为股票价格的走势受到了市场噪声所引发的投资者非理性行为因素的影响。库马尔和李（2006）验证了噪声的影响。陈和哈米德（2006）发现企业的信息透明度越差，噪声就越多。辛和曾（2012）验证了股价同步性低主要是因为市场中的非理性交易比较多，导致噪声进入了股价。李等（2014）发现股价同步性与信息环境指标具有负关联性，说明前者是由噪声引起。孔东民和申睿（2008）发现中国的股价同步性更多地体现为噪声。李志生和朱雯君（2015）发现中国股市的噪声较大，股价同步性与信息效率呈正向的关系。格林伍德和索斯纳（2007）通过日本上市公司验证了"噪声交易观"。张等（2006）探讨了 R^2 和"异象"之间是否具有关联性，发现二者具有关联性，R^2 越低，"异象"越严重，与上面我们描述的"信息效率观"不符。李和刘（2011）也发现股价波动和信息并没有呈现线性而是非线性，在某一时刻存在拐点。代昀昊等（2012）发现股价同步性与信息效率具有倒"U"型关系，过高过低的同步性都意味着较差的信息效率。许年行等（2011）针对"信息效率"和"非理性行为"，从心理学的角度探究了股票收益的"惯性"和"反转"，发现我国股市尚未有"惯性"，但是出现了"反转"，因为"非理性因素"对"特质信息"影响更强。

（2）股价同步性的影响因素。目前很多学者探讨了产生股价同步性的原因，本书通过归纳分为三大类：公司、投资者以及监管层。资本市场是信息集中地，信息引导着投资者决策，进而也对资源配置起到了引领的作用。按照常理来说，投资者掌握的信息越充分，做出的决策越合理。

①公司层面与股价同步性。从公司治理的角度，大量研究发现股权结构会造成同步性，是一个不容忽视的因素。张湄和孔爱国（2010）发现公司治理的强度会影响公司的信息透明度，从而影响市场套利交易者对公司股票的交易行为。一些学者从董事会的角度研究了对股价同步性的影响，例如，杜兴强等（2013）对 IPO 公司董秘非正常离任进行了研究，发现公司成功 IPO 后，董秘在公司治理中的作用不断弱化，致使公司业绩下滑，公司违规成本增加。罗进辉等（2015）发现董秘能够提高信息透明度，从而提高了股票的定价效率。也有学者从董事性别的视角展开探讨，多数文献证实了女性董事具有不可忽视的作用，女性更加保守谨慎，更加遵守职业道德，并且在竞争如此激烈和社会错综复杂的大环境下，更加在意自身的口碑和声誉，以及在任期间公司的业绩，因此，极小可能做出违背良知和道德的行为（Krishnan and Parsons，2008）。因此女性董事会严格按照制度对管理层严加管理，避免他们做出有损于公司利益的事情。古莱等（2011）认为女性董事能够改善信息质量，这样的信息被投资者充分利用，会使股价更加贴近公司真实情况，股价中会包含更多的特质信息。女性董事善于交流、善解人意，会给董事会造就民主和谐的氛围，这促进了董事会与管理层二者的交流，同时也会加强公司信息在市场上流动，降低股价同步性（刘飞等，2018）。一些学者剖析了股权结构对股价同步性的影响。冯晓晴等（2020）发现控股股东股权质押的企业不愿对外披露更多的信息，即使披露，披露的大多也是必须披露以及含量低的，不利于信息效率

的提高。王立章等（2016）发现两权分离和股权制衡也是影响因素，这两个因素会降低信息透明度。李增泉（2006）发现在堑壕和利益协同效应的作用下，解释变量第一大股东的持股比例与被解释变量股价信息含量二者具有非线性关系。袁知柱和鞠晓峰（2009）发现当存在股权制衡时，控股股东损害中小投资者利益的这一现象将会得到缓解，从而表现更明显的是利益协同效应，股价"同涨同跌"得到了抑制。袁知柱和鞠晓峰（2009）基于监督假说，大股东可以监督管理层机会主义行为；基于掠夺假说，随着大股东的控制能力的提高，他们可能侵害小股东的利益或者通过关联交易掏空公司资产，所以基于上述分析，大股东持股比例与股价信息含量表现的是倒"U"型关系。张翼等（2005）得出第一大股东持股比例与公司丑闻表现的是"U"型结构，丑闻会使外部人员信心下降，股价信息含量下降。一些学者研究了信息披露对股价同步性的影响，余海宗和朱慧娟（2021）发现年报语调能够为投资者提供预测性的增量信息，可以有效预测企业的未来业绩，股价很大程度上是可以通过特质信息进行说明的，股价同步性降低。

战略异质性高的公司严重偏离行业的常规模式，资源整合的难度较大，增加了经营风险和信息不对称程度，加大了投资者获取特质信息的难度。张婷和张敦力（2020）发现或有事项属于公司层面的特质信息，该项信息的披露会使股价更真实。赵林丹和梁琪（2021）发现出于预防性动机，金融化会提高信息披露质量，从而降低股价同步性；出于投机性动机，金融化会加剧公司内部的两类代理冲突，从而提高了股价同步性。

②投资者层面与股价同步性。当前学者主要是从情绪和身份的视角考察股价同步性。德朗等（1990）第一次将投资者情绪引入股价决定模型，发现非理性行为造成的股票误定价难以被市场消除。当公司年报文本中披露较多的创新信息时，可能会造成投资者的情绪比较高涨，股价中裹挟更多的非理性信息。李思龙等（2018）认为网络沟通是当前比较便捷的方式，会引起投资者的关注，某一投资者的情绪会传染给其他投资者，导致股票过量交易从而造成股价异常波动。潜力和龚之晨（2021）认为当外部

环境不一样的时候，投资者表现出来的情绪是存在较大差异的，牛市中，投资者情绪高涨，可能会出现不重视部分公共信息的情况，股价被较高定价；熊市中，投资者情绪低迷，网络沟通减少，股价出现"同涨同跌"的现象。张继德等（2014）认为中国的投资者大多是以散户为主，专业能力欠缺，更多地会受到市场环境和情绪的影响，从而产生"随大流"和过度反应等偏差。所以，投资者当看到较高的收益率和媒体大肆报道时，就会产生想买的欲望并赋予实际行动，跟风购买，这种不理性导致股价并不真实。李昊洋等（2017）认为，市场层面的投资者情绪会明显提高股价同步性，而公司层面尚未发现。

个人投资者与机构投资者对比之下，发现后者具有较强的信息挖掘能力，会根据自己所了解的信息如实地进行交易，股价同步性降低（杨昌安和何熙琼，2020）。鲍尔萨姆等（2002）研究得出机构投资者是一个专业群体，他们可以更好地解读信息的操纵行为，而且与散户相比之下，他们运用信息的效率更高也更加充分，将信息尽可能多地诠释在股价中（Cohen，2002）。除此之外，境外投资者手中股票比例的上升也会降低同步性（肖浩和夏新平，2011）。许年行等（2013）认为，分析师研究报告的文本信息以及情感语调符合机构投资者的信息需求，有助于其做出理性的投资决策，机构投资者的"伪羊群行为"使这些信息更好地让股价吸收。李世辉等（2020）认为机构投资者会不断地变得理性，外界虽然有噪声但是会仔细斟酌，而不是"随大流"和一味从众，减少噪声对股价的影响，从而回归企业的真实价值。此外，投资者的实地调研也会带来影响。投资者通过实地调研会获取到更多的特殊信息，比如，政企关联、公司战略和企业文化等（杨昌安和何熙琼，2020）。当投资者借助网络管理平台通过互联网的形式与管理层探讨时，沟通交流得越频繁，投资者获取的信息越及时、越积极，信息效率越高。

③监管层层面与股价同步性。监管层面的因素很多，比如会计准则、市场制度、分析师跟踪、审计师监督、媒体报道等外部监督，以及公司内部监督要素。

会计信息是投资者分析公司价值的重要依据，由此也会通过股价进一步影响资源配置效率（Francis et al.，2004）。金智（2010）发现会计质量与股价同步性显著正相关，并且分情境进行了分析，发现在向下盈余管理时这一关系更显著，在向上盈余管理时不显著，同时，2007 年的新会计准则在以前准则的基础上进行了完善和补充，削弱了这种正向的关系。王和余（2009）发现严谨的会计准则在很大程度上可以使股价更具真实性，在法律完备和投资者保护程度高的地区，会计准则的作用更显著。朱滔（2020）认为关于政府补助准则的修订能够在一定程度上促进异质信息的对外传递。

袁知柱等（2014）研究得到，国际"四大"审计的上市公司并没有优于"非四大"审计的公司，而是发现股价同步性在这两类公司中没有明显差异。刘峰和周福源（2007）甚至发现，对比之下，让"四大"事务所审计的个体的会计盈余更不稳健。范卓玮和解维敏（2017）发现审计对企业财务报告质量和外部投资者保护发挥着重要作用，质量越高，越能提高定价效率。方红星和楚有为（2019）发现内部控制报告的对外披露会让外界了解到很多内部信息，从而提升定价效率。此外，上市公司聘请专业性强和良好声誉的审计师，也间接地向外界释放了会计报告可信力强的信号，为投资者加油打气，提高士气，减少了股价的异质性波动。

在成熟的资本市场，分析师的信息挖掘能力已经得到了普遍认可，将自己的解读内容以研究报告的形式向市场呈现，能够传递出有价值的信息。在中国这类新兴市场，虽然投资者对分析师的能力有一定的怀疑，但大量研究表明分析师对资本市场的信息效率发挥了非常好的治理作用。投资者的关注力是一定的，他们并不能对各种信息进行理解和吸收，分析师作为一种信息媒介，具备信息挖掘和解读的专业能力，为客户提供相应的盈利预测、目标价格以及买入卖出建议，向市场传递公司特质信息。朱红军等（2007）和伊志宏等（2015，2019）发现，分析师具有较高的数据搜集能力，通过挖掘能够提高股价的信息含量。金大卫和冯璐茜（2016）发现对于分析师跟踪多的公司，投资者过度自信对 R^2 的降低作用减弱，说明分析师跟踪可以将手头掌握的信息纳入股价。

媒体报道有助于缓解上市公司的信息不对称（孟庆斌等，2017）。一方面，媒体具有信息挖掘的能力，为了获得更多的读者关注，媒体有动机收集和挖掘上市公司更多的信息（梁上坤，2017）；另一方面，媒体通过报道负面消息，达到杀鸡儆猴的作用，加强外界对公司进行监督，促使公司对外披露高质量的信息（Liu and McConnell，2013）。黄俊和郭照蕊（2014）发现媒体报道能够降低股价同步性，这种作用主要是由负面报道带来的，网络新闻媒体也会产生类似的效果。杨玉龙等（2018）发现媒体的负面报道更具有信息含量，且能为投资者"打预防针"，而正面报道并不显著，并且政策导向比市场导向媒体挖掘得更深入且易于传递。陈冬华（2018）认为当媒体情绪作为主导时，向市场传递的情绪大于信息本身，造成噪声交易占据了主导，股价同步性上升。而当媒体充当信息媒介时，基于信息的交易会大大增加，股价同步性降低。

2.3.2 股票流动性

（1）流动性的定义与度量。虽然学者们对流动性的研究丰富，但是他们尚未做出明确的定义。学者们在有限的篇幅里，只是对自己强调的某一方面给出了定义。凯恩斯（1930）将其视为市场价格在之后一段时间的波动。希克斯（1962）指出其是在极短的时间内完成一笔交易的概率。布莱克（1971）指出是任何证券均可在极短的时间内完成交易，包括买入交易也包括卖出交易。李普曼和麦考尔（1986）指出若资产可以按照自己设定的价格卖出，则是具有流动性的。施瓦茨（1988）认为是以恰当的价格在极短时间内完成交易的能力。阿米胡德和门德尔松（1989）认为是以理想价格交易所耗费的时间。凯尔（1985）在前人总结之上把流动性归纳为三个方面：一是紧度，即指在短期内买入或卖出股票所要花费的成本；二是深度，即价格变化所带来的交易数量的变化；三是弹性，即价格恢复的速度。哈里森（1990）提出，流动性包括四个方面，具体为：宽度是指交易价格偏离市场有效价格的程度；深度是指在目前价格不受影响的情况下，完成的最大可成交量；即时性是指完成一项交易所需要的时间；弹性是指恢复到原价的速度。关于股票流动性比较有代表性的方法可分为：①价格法，基于买卖差价构建流动性指标，如价差模型（Roll，1984）、即时交易成本模型（Hasbrouck and Schwartz，1988）和机会成本模型（Handa and Schwartz，1996）。②交易量法，如报价深度、成交深度和换手率等。③流动性比率方法，成交量与价格变动的比例。④时间法，用交易的时间度量。

国内学者也尝试构建新的流动性度量指标，如何荣天（2002）综合价格波动性、价格弹性以及交易时间等因素，提出了流动性指数 L；刘海龙等（2002）指出了指令驱动下相应的计算方法；蒋学雷等（2004）通过 VNET 来衡量；朱小斌和江晓东（2005）构建了一个经风险调整后流动性指标。

（2）股票流动性的影响因素。

①投资者结构。股票市场上有三类投资者：理性投资者、噪声投资者和了解行情的交易者。前两种投资者是资本市场上的主要群体，没有明显信息优势；知情交易者掌握大量公司内幕消息（刘晓星等，2016）。这些交易群体由于认知不同和所掌握的信息不同，会导致交易目的存在差异，而且风险偏好以及对市场的预期也是不同的，无论是哪一种类型的投资者都会尽量维持交易的活跃。

机构投资者具有专业的团队，有足够强的能力挖掘信息，常被称为知情交易者。个人投资者进行交易主要是将手头的股票转化为现金，并不是足够理性的，仅是想达到变现的目的。而机构投资者交易的目的主要是想从市场中套利，认为当前的价格低于股票的价值，也就是股票价格被低估（Bagehot，1971）。并且个人投资者往往跟风机构投资者，原因为后者是专业群体，手中掌握的信息更多。此外，噪声也是影响股票流动性的因素，噪声交易常常基于错误的信息进行交易，导致个股股价与均衡价格不同；再加上这些噪声交易的频繁发生，导致市场变得更加"热闹"，流动性较强。马尔科姆·贝克等（2002）认为噪声交易者会更加冲动，不会充分考虑，交易频繁，市场流动性较好。贝克和斯坦因（2004）认为资本市场参与者是非常自信的，他们会一直相信自己的判断而忽视了周围其他信号，凭借自己的判断进行买卖，会降低流动性。

机构投资者对流动性的影响会更大，但凡有点负面消息的出现，都会导致股票价格的异常下跌，减弱了流动性。但是随着信息科技的发展和应用，噪声交易者可能在未来能够通过多种渠道了解信息。马超（2015）发现机构投资者持股比例与流动性表现的是"U"型关系，具体划分为独立机构投资者和非独立机构投资者，发现前者与流动性也呈"U"型关系，而后者发挥的作用有限。

②市场波动。资本市场上的看空者提出股价在接下来的一段时间内可能上涨，便想购买；看空者认为股价在接下来会出现下跌，于是想卖掉。如果想买者和想卖者意见一致，这项交易就会成功。当市场受到冲击时，股价会发生非正常波动，持有悲观情绪的投资者会将股票抛售清仓，在场外持观望的态度，卖者增加，买者减少，二者的数量失衡。并且卖方为了尽快脱离手中的股票，会以较低价格出售，在一定程度上也会使股票价格下跌。股价的下跌会加剧投资者的悲观情绪，卖盘也会变得更加激烈，从而降低流动性（尹海员和吴兴颖，2019）。如此周而复始，股价下跌和流动性环环相扣，出现了不良循环。因此，金融危机发生时，出现流动性黑洞是非常正常的现象，也就是流动性就像被黑洞吸收了一样，突然就没有了，交易也自然而然消失了（汪洁琼，2019）。

纵观历次危机，我们发现股价下跌往往是因为受到了外界冲击，但这并不是股价跌落的主要原因，而是另有其他原因。市场内在因素才是导致股价下跌的主要因素，做市商是流动性的提供者，当市场遭受外界冲击时，股价会出现被低估，做市商为了自身利益的考虑，将产生加大报价价差的念想，流动性降低，这样下去的话可能会使投资者失望，转战期货市场，步入做空团队，流动性降低（金春雨和张浩博，2016）。

布鲁纳迈尔和佩德森（2008）认为证券价格的下降会降低持有者的融资能力，从而折价出售，最终进入恶性循环。凯尔和熊（2001）发现市场上的交易者，都希望较低价格买入，较高价格出售，中间赚取较高的差价，同时也是流动性的供给者。当市场受到冲击时，套利者将会出现恐慌情绪，害怕损害自己的利益，于是想尽快卖掉，导致卖方不断增加，买方不断减少，二者失衡，流动性大规模下降。贝尔纳多和韦尔奇（2003）发现投资者希望下跌的股票尽快卖出，不想在手中持有，卖得越晚损失越大，这种情绪不断高涨，自然而然不断对外抛售，市场流动性降低。

③市场透明性。市场透明性是指市场参与者获取交易信息的能力（O'Hara，1995）。国际证监会组织认为这种能力主要是观察价格、数量等交易特征的能力。市场透明性包括交易前透明性和之后透明性，前者是指交易前有关买卖的披露情况；后者是指交易后信息的及时与公开披露。

市场透明性会影响市场参与者的交易，透明度的降低会更加有益于知情交易者，只有他们掌握且可利用公司内部的信息，而未知情交易者会选择观望或者通过其他途径获取信息，从而导致交易推迟。由于知情交易者了解公司内部的经营状况，做市商与知情交易者定价不会悬殊，而是在正常范围内，交易的利润点较低，因此做市商会扩大与非知情交易者的买卖价差，用这部分利润来弥补与知情者的损失。

市场透明性不断鼓舞了投资者，让其信心倍增，他们会更加积极地投入到市场中去，不断地学习且进行交易，促进了流动性。但是市场透明度的提高也会出现相反的作用，也就是非知情人交易增加，知情人交易减少，导致出现双方失衡、供需不均衡的现象，流动性下降。马德哈万（1992）认为二者的关系要具体问题具体分析，视情况分析，在交易不乐观的市场，市场透明度会导致流动性下降；而在健康稳定的市场中，透明性和流动性呈同一趋势。因此，二者呈现的是非线性的关系，如图 2.1 所示。蔡传里和许家林（2010）提出透明度有利于提高流动性，并且会使得投资者谨慎投机，因为投机成功的可能性较低，对于稳定资本市场发展具有重要的作用。陈雪生（2016）发现充分有效的信息会使参与者正确定价，降低估计偏差的概率，提高股票流动性。并且交叉上市企业相对于非交叉上市企业，会引起媒体和分析师的关注，他们的关注会改善信息环境，倒逼企业披露高质量信息，增加了股票流动性。

④政府政策。股票流动性除了和微观结构有关外，还与宏观经济环境有关。宏观经济环境包括发展状况、经济制度、收入水平、财政政策、货

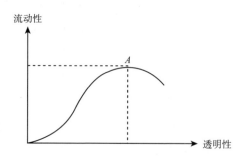

图 2.1　流动性与透明性的关系

币政策、国际收支等相关因素。其中，政府政策最具有影响力，包括股票的发行制度、做市商交易、利率、存款准备金率等。中央银行会采用一系列手段，比如调整存款准备金率、再贴现率等影响货币的供给，以达到供需平衡的目的。当投资者手头可利用的资金比较大时，他们会选择将这些资金放在收益率大的项目上，自然而然也会产生较大的风险，增加了流动性。利率影响股票流动性体现为三个方面：第一，利率上升，以银行存款保存的资金收益率变高，投资者有动力将股市的资金转移到银行，造成资本市场上的交易量减小，流动性降低。第二，利率上升，对于企业来说，从外界进行融资的成本上升，自然导致利润降低，股价降低，投资者自然会将资金用于收益率高的项目。第三，利率上升，管理当局会改变对市场的预期，认为存在泡沫。一旦泡沫破裂，价格就会出现下降，投资者利润降低，为了将自己的损失降为最低，他们会选择清仓观望，在合适的时机出手，从而导致股市资金流出，流动性降低。

政府部门的直接调整也会对流动性带来影响。比如，2016 年推行的熔断机制，造成了股价崩盘，出现暴涨暴跌的现象。针对政府设置的涨跌停制度，学者们的观点存在分歧。支持该制度的学者认为该制度能够抑制股价的异常波动，使投资者能够深思熟虑，避免极端交易行为的发生；不支持这个制度的学者认为它会导致个股的异常波动，价格会出现滞后等不利影响。王朝阳和王振霞（2017）发现这个制度并没有让资本市场变得稳定，而是造成了个股股价较高的波动率，并且未实现风险对冲的效果。宋逢明等（2007）发现这个制度会阻碍市场信息的传播，这样的话会导致股价偏离，并不会起到降低市场波动的作用。焦瑞新和孙学举（2010）认为这个制度具有磁吸效应，其是具有非对称性的，具体表现为涨幅的磁吸效应，而跌幅的时候并不显著。说明这一限制并不能完全发挥稳定市场的作用。庄新田和赵立刚（2005）提出上交所实行这一制度的当天使得流动性变小了，而在之后慢慢恢复到原来的样子，甚至流动性比之前还要好。

（3）股票流动性与资产定价。股票流动性对资产价格有明显的影响。次贷危机以来的众多研究表明，传统的流动性资产定价模型存在缺陷。一方面，危机时期的资产流动性到了均值会有回复性，呈现出自我强化加速下滑特征。另一方面，投资者存在"惊弓之鸟"的特征，对可能出现的危机恐惧，即使在正常时期也会产生风险溢价（周爱民等，2019）。

关于流动性与资产定价之间的关系已经得到了证实。阿查里亚和佩德森（2005）建立的 LCAPM，将流动性成本引入投资者效用函数，建立了包含四个 Beta 值的结构化定价模型。刘（2006）简化了 LCAPM，建立了包含市场风险和流动性风险的两因子模型，发现其有更好的拟合效果和解释异常的能力。投资者根据流动性不同，所要求汇报的内容是不同的，是存在差异的。阿米胡德和门德尔松（1986）最早建立出 Amihud – Mendelson 模型，其是说明流动性对资产预期收益影响的，发现当对资产进行定价时，流动性是必须考虑的因素，流动性低的资产收益高；否则反之。该理论认为，如果处于均衡的情况下，若投资者长期持有，他们会更想选择流动性小和交易成本大的资产放在一个篮子里，这一结论随后得到了阿米胡德和门德尔松（1989）实证结果的证实。布伦南和苏布拉马尼亚姆（1996）将交易成本分解为固定成本和可变成本，发现股票预期收益与后者主要表现为正向的关系，与买卖价差表现的是负相关的关系。

此外，学者尝试使用其他的变量代替流动性。豪根和贝克（1996）发现预期收益与换手率明显负相关；阿特金斯与迪尔（1997）认为投资者持有期与买卖价差是正相关关系。胡（1997）发现不同的状态下换手率与预期收益的关系是不同的，在横截面上表现为负相关，在时间序列上表现为正相关。达塔尔等（1998）发现二者呈负向的关系。

流动性是一直发生变化的而不是恒定不变的，当它发生变化时，顺其自然资产收益也会变动，也就是说风险是存在的。不少学者除了研究流动性水平的影响外，还研究了这其中的风险是否在定价中考虑进去。阿米胡德（2002）发现预期的非流动性与股票超额收益表现为正向的关系；而非预期非流动性则表现的是负相关的关系。帕斯特和斯坦博（2003）发现流动性风险越大，相应的预期收益也越高，说明风险得到了合理定价。阿查里亚和佩德森（2005）对标准的 CAPM 进行了修正，分别用三个流动性 Beta 系数来衡量，发现修正的 CAPM 模型比标准的 CAPM 模型具有更好的解释力。藤本和瓦塔纳贝（2006）发现当股票交易活跃的时候，流动性 Beta 系数比较高，流动性水平和流动性风险对股票收益会产生较大的影响。

国内相关研究也利用不同的指标验证了流动性与股票预期收益间的关系。王春峰等（2002）认为二者表现的是负向的关系；吴文锋等（2003）发现股市具有"非流动性补偿"的特点，这种非流动性成本在定价中发挥了关键的作用；苏冬蔚和麦元勋（2004）也发现二者是负相关的关系，流动性越小，收益越高。

查迪亚等（2001）从理论角度提出流动性对股票收益提高具有重要作用，但是，以成交额波动和换手率波动进行验证却得到了相反的结论。上述结果令人困惑，直觉上流动性大相对应股票预期收益也是大的。之后，哈斯布鲁克（2006）对此产生了质疑。佩雷拉和张（2010）在查迪亚等（2001）的基础上建立了动态投资组合理论模型，理性且追求效用最大化投资者会根据流动性情况调整自己先前做出的结果，流动性高时增加交易，低时减少交易；较高的流动性说明市场是比较活跃的，可以为投资者带来很多的机会，降低了投资者的溢价要求，因而流动性和股票预期收益负相关。布劳和惠特布（2015）利用收盘价变化考察流动性与股票收益之间的关系，发现二者呈正相关的关系，更具体地来说，在高波动范围内，二者正相关；在低波动区间内负相关。综上所述，现有的研究还没有形成一致的结论。流动性衡量的分歧是造成结论存在差异的关键。

2.3.3　股价崩盘风险

对于股价崩盘的定义，一种是基于市场层面的；另一种是个股层面的。前者是指在没有什么异样的情况下，股价在较短的时间内下跌。股价变动往往是非对称的，暴跌幅度大于暴涨幅度，并且这种波动是可以传染的，少数的暴跌可能引起整个市场的暴跌。吉恩和迈尔斯（2006）提出管理层与股东的代理冲突是造成个股股价崩盘的主要原因，管理层出于个人薪酬、职业规划等方面考虑，会隐藏公司的负面消息，当达到一定程度时，收益已经无法弥补成本，最终放弃继续隐藏从而导致负面消息集中爆发，引发股价崩盘。

（1）基于市场层面的股价崩盘风险。

①完全信息理性预期均衡模型。完全信息理性预期均衡模型中，目前比较有代表性的有两个：一个是杠杆效应假说；另一个是波动率反馈假说。学者们意见尚未统一，各抒己见。布莱克（1986）和克里斯蒂（1982）支持杠杆效应，股价的下跌会使得财务杠杆提高，加剧了股价波动，最终造成股价崩盘。而施沃特（1989）指出杠杆效应假说不具备实际操作性，股价下跌在短时间很难引起财务杠杆发生变动。之后，贝卡尔特和吴（2000）也支持此观点。平迪克（1984）和弗伦奇等（1987）认为波动率的增加会提升股票的风险溢价，如果是好消息，风险溢价会抵消掉好消息带来的股价上涨；如果出现的是不好消息，价格下跌再加上风险的相互叠加会使股价暴跌。波动率反馈模型虽然详细说明了市场收益率非对称特征，但是对于传染性并没有给出详细的解释。

完全信息理性预期均衡模型的前提假设是市场上的信息是完备的，这是不符合实际的。因此，学者们建立了不完全信息理性预期均衡模型。

②不完全信息理性预期均衡模型。在这样的模型下，主要存在两种假说：一种是知情者隐藏信息集中释放假说。罗默（1993）认为负面消息的不断隐藏，是导致股价崩盘的主要原因，投资者不能掌握信息的优

劣，具有优势的交易者过分在意市场价格，劣势者可能过分相信自己获取的信息，股票价格并不能真实反映私人信息，而是被隐蔽起来，一旦达到极限就会爆发，出现股价崩盘。李（1998）认为对于知情交易者，每一笔交易都代表着信息传递，如果知情交易者收到坏消息卖出股票，非知情交易者会跟风交易，导致知情者的交易成本增加，因此，他们会隐瞒负面消息，久而久之，即便是一些较小的信息冲击，也可能会造成股价崩盘。曹等（2002）发现市场上总会有一些知情交易者因为交易成本被阻挡在市场之外，形成"观望者"，导致一些私人信息无法被市场价格及时反映，造成信息隐藏。另一种是非知情者推动假说。金诺特和利兰（1990）假设市场中存在非知情者、完备信息的知情者以及部分知情者，完备信息知情者根据自己手中掌握的信息展开买卖行为，另外两种则是观望完备信息知情交易者，从而做出交易决策。袁（2005）分情况探讨了非知情交易者如何导致股价崩盘。在没有信贷约束的时候，知情者的交易行为传递了其掌握的信息，没有隐藏。然而，当存在信贷约束的情况下，知情交易者可能是因为资金需求而抛售股票，这并不能反映知情者的信息。如果发生了供给方面的冲击，非知情者并不知道抛售的行为是因为坏消息还是资金需求，非知情交易者不愿意及时接盘而是选择观望一段时间，导致股价暴跌。

③基于行为金融学的理论研究。投资者异质信念模型是解释股价崩盘成因的一个代表性理论，它主要是利用行为金融学的知识。洪和斯坦（2003）认为，对于股票价格，投资者会有异质性信念，即有的乐观有的悲观。投资者异质信念与卖空机制解释了为何暴跌程度高于暴涨程度以及为何暴跌具有传染性。股价崩盘不是由于重大利空导致的，而是由一个较小的利空冲击导致坏消息的集中释放。此外，由于卖空机制的存在，好消息可以随时在股价中体现，而坏消息并非如此，往往具有滞后性，所以暴跌程度会大于暴涨程度。投资者会同时关注多只股票，如果一只股票影响另一只股票，当投资者收到一只股票的坏消息进行抛售时，也会抛售其他只，因此股价崩盘具有传染性。

显然，相较于理性预期模型下的诸多理论模型，投资者异质信念的行为金融学模型可以更好地解释股价崩盘的成因。因为异质信念无法准确度量而难以通过数据被实证证实。一些学者使用交易量以及换手率等变量间接度量异质信念，但由于度量误差得出的结论并非一致。实证结果的分歧使得洪和斯坦（2003）的模型并未得到广泛推广。

④关于市场层面理论模型的评述。上述理论模型为以后的研究做了铺垫。但是上述模型也具有局限性，大多研究是以个股信息不透明为前提，试图通过良好的交易机制来缓解股价崩盘风险（比如，卖空交易机制），但是并不能从根本上杜绝股价崩盘。只有提高企业的治理水平，提升信息透明度，才能从根本上解决负面消息隐藏的问题，最终解决股价崩盘问题。于是，吉恩和迈尔斯（2006）基于公司层面研究崩盘的文献应运而生。

（2）基于公司层面的股价崩盘风险。吉恩和迈尔斯（2006）认为，由于管理层与股东之间存在委托代理冲突，管理层出于个人利益可能会隐瞒坏消息，坏消息集中释放便会导致股价崩盘。科塔里等（2009）认为管理层以帝国构建为目的，会隐瞒关于投资项目的坏消息，导致出现过度投资，直到不能再隐瞒，集中释放造成股价崩盘。赫顿等（2009）认为较高的透明度会避免崩盘的发生。凯姆等（2011）为了获取股票价值期权，会隐藏坏消息，避免股价下跌，当经理人没有能力或者放弃继续隐瞒时，便会爆发股价崩盘风险。上述研究是在理性人假设前提下，但是或多或少是有一定的局限性。凯姆等（2016）打破了理性人的假设，认为即便经理人不存在私心，也可能因为过度自信导致股价崩盘。过度自信的高管对自己的能力往往不会准确定位，而是会高估，同时对风险也没有清醒的认知，会低估，因此，经常会偏好一些净现值为负的投资项目，为了防止股东阻挠，不会将这种负面的消息对外公开；当项目失败时，这些消息不得不释放，纸是包不住火的，最终股价崩盘。

①加剧股价崩盘的因素。基于代理理论，现有文献认为管理层追求岗位晋升和个人薪酬提升（Jensen，1986）、企业帝国构建（Kothari et al.，2009）、获取股票期权价值（Kim et al.，2011a）、高管减持（孙淑伟等，2017）均会诱引管理层隐瞒公司消息，从而增加股价崩盘风险。此外，公

司通过避税这一手段掩饰股东的侵占行为（江轩宇，2013）、董事会断裂带（梁上坤等，2020）、控股股东股权质押、违规行为（沈华玉和吴晓晖，2017）以及激进的战略定位（佟孟华等，2017）会降低透明度，股价被高估进而导致崩盘。

②降低股价崩盘的因素。多个大股东（姜付秀等，2018）、机构投资者持股（许年行等，2013）、股东网络（吴晓晖等，2019）、分析师（许年行等，2012）以及审计师（史永和李思昊，2020）通过对管理层和控股股东的监督，降低了股价崩盘的风险。基于信息不对称理论，现有文献发现该理论会加剧崩盘风险。较高的财务报表信息可比性（Kim et al.，2016）、较高的信息披露质量（Yin and Tian，2017）、自愿性信息披露（曹廷求和张光利，2020）均能够降低崩盘风险。并且，有学者发现，媒体报道降低了信息获取成本（罗进辉和杜兴强，2014），而且媒体具有深度挖掘和创造新信息的动机（Fang and Peress，2009），媒体的关注使得公司难以隐藏信息，媒体会不断将获取的信息公之于众，降低了股价崩盘风险。除此之外，还有学者发现内部控制、年报语调、媒体情绪等因素均会对股价崩盘风险产生影响。

（3）对两类理论模型的比较分析。

①理论架构上的比较分析。基于市场层面的理论模型与基于公司层面的理论模型具有共同之处，均认为隐藏负面消息是导致股价崩盘的主要原因。但是前者理论模型认为所有公司的信息是不透明以及半透明的，信息隐藏是不同交易者之间的信息不对称以及不合理交易制度导致的。后者理论模型认为企业之间的信息不透明是存在差异的，管理层的行为是导致股价崩盘的根本原因。

②政策导向的差异。市场层面的理论模型认为信息隐藏经常发生于股票交易中，所以，在政策上该模型更倾向于建立完善的资本市场交易制度。而公司层面的理论模型更强调管理层的行为，因此应当设立完善的公司治理机制和监督机制。

③实证应用上的难易。市场层面的理论模型中涉及的指标难以用指标直接量化，因此实证检验很难进行。而公司层面的理论模型涉及的公司透

明度、代理成本等指标可以衡量并且数据的可得性较强，因此从公司层面研究股价崩盘风险的成果更丰富。

2.4　信息披露与资本市场定价效率

会计信息与资本市场定价效率关系的探讨一直都比较受学者们的欢迎。高（2008）认为，高效率的定价系统能够调整资本市场的定价效率，准确的定价系统能够实现帕累托最优和资源的优化配置。韦斯特等（1975）将资本市场效率分为内在和外在两个方面，前者是指交易运营效率，即用最短的时间、最低的成本实现交易的程度。后者是指资金分配效率，主要是定价效率，即股价能否及时、准确地对公司信息做出反应。本书研究的资本市场定价效率是外在的，定价效率越高说明资金分配的效率越高，越能引导资本市场的良好运行。

鲍尔和布朗（1968）第一次发现盈余信息可以作为股票估值的依据，同时比弗（1968）对年报公布后和亏损期间的交易量进行了探究，发现资本市场能够在短时间内做出反应。此后，这方面的研究得到了众多学者的关注，伊斯顿和哈里斯（1991）发现盈余和未预期盈余能够反映在股价中，由此出现应用报酬模型的文献。其后，奥尔森（1995）又对会计信息的估值作用深度研究，采用价值相关性衡量这种估值。阿巴内尔（1998）发现利润率、收入增长率等指标，与股票价格具有显著的关联性，并能预测未来盈余。巴特（2008）利用 180 家美国商业银行 2001～2005 年的数据，采用方差分解的方法测量了利润表外披露的公允价值和损益对未预期股票回报波动性的贡献，并检验了净利润对未预期回报方差的贡献之差。韩等（2016）构建了一个理性预期均衡模型来研究公共信息对市场定价效率的影响，市场上的噪声交易主要来自非知情的相机决策交易者，其总量由金融市场上的流动性交易者数量内生决定，结果发现公共信息会对私有信息产生排挤效应并增加交易量，从而降低股票市场定价效率。戈尔德斯泰等（2017）将市场参与者可获取的私有信息作为内生变量，研究发现披露质量的增加对私有信息会产生挤出效应，作用方向主要取决于披露的信息量、获取信息的手段以及市场的披露质量衡量标准。

我国学者也展开了诸多研究，如葛家澍（2001）发现高质量的会计信息能够为投资者提供决策有用的信息，这主要是基于会计信息与资本市场有关联性的特征。陈信元（2002）检验了会计信息的价值，其中净利润、剩余收益、公司规模具有价值相关性。叶康涛等（2014）得出投资者既关注战略又关注会计信息。祝继高等（2014）得出，对于一个企业来说，经营模式是非常重要的，是影响盈余有用性的关键因素。陈丽红等（2019）得出关键审计事项可以提供更多决策有用的增量信息，加强了投资者的认知，避免过度地依赖盈余信息。颜恩点和曾庆生（2018）得出新闻媒体可以通过扩大投资者基数、强化投资者认知和改善公司治理，提高盈余价值相关性。李新丽和万寿义（2019）认为，因为"掩盖效应"的存在，管理者将企业社会责任信息报告作为自利工具，借此掩饰机会主义和败德行为，降低了公司实际的信息披露质量，从而抑制股票的市场定价效率。李子健等（2022）发现管理层前瞻性信息披露数量的提升会通过降低分析师预测偏差、减少预测分期并降低噪声交易者参与度来提升股票的市场定价效率。

2.5 文献述评

纵观国内外现有文献，本书一方面对年报文本信息的衡量、影响因素以及经济后果进行了梳理，另一方面梳理了从股价同步性、股票流动性、股价崩盘风险三个方面对资本市场定价效率的内涵以及影响因素。此外，梳理了信息披露对资本市场定价效率的影响，以上研究为本书进一步深入研究年报语调与资本市场定价效率提供了理论借鉴和实证经验，本书认为当前研究仍有需要突破的地方。

第一，在李（2008）这篇论文之前，关于年报文本信息研究的样本数量较小，大多是基于小样本进行实证研究，但是随着语言处理技术越来越先进，年报文本信息得到了众多学者的关注。然而，由于国内外语言存在差异，我国关于年报文本信息披露的研究比较滞后，还有待进一步完善。而且，中国的语言文化博大精深，相同的词语会有不同的含义，相同的文字由于发音不同意思也截然不同，同时也会存在语言过度乐观的情况，这加大了年报文本信息披露研究的难度。当前国内外研究年报文本信息披露的大多是从单一视角，比如语调、可读性或相似性等特征。此外，关于年报文本信息语调的研究大多是从净语调的角度探究其经济后果。年报语调作为管理层情感表达的一种方式，反映了管理层对公司经营以及发展前景的态度，尚缺乏关于年报语调研究的整体框架，从正面语调、负面语调以及异常正面语调三个视角系统性地深入分析年报语调问题的研究。

第二，根据梳理文献发现，大多文献是从股价同步性的角度来探究定价效率，而且大多关注的是标准财务信息，对文本信息的研究比较少。而且，现有文献只是研究了年报语调对股价同步性、股票流动性和股价崩盘风险某一方面的作用效果，不够系统和全面。基于此，本书从股价同步性、股票流动性和股价崩盘风险三个方面较为全面系统地对资本市场定价效率进行研究，并且揭示年报语调影响定价效率的机制。

第三，诸多研究表明，管理层会通过操纵年报文本信息隐藏自己的机会主义行为，表现为过于乐观的年报语调（曾庆生等，2018；许晨曦等，2021）。那么，披露的年报文本信息语调是否可靠？不同可靠性的年报语调是否对定价效率具有不同的影响？以上问题还有待探讨。

2.6　本章小结

本章从四个方面梳理了年报语调和资本市场定价效率的文献综述：（1）对核心概念年报语调、年报可读性和资本市场定价效率（股价同步性、股票流动性和股价崩盘风险）的概念进行了界定。（2）梳理了年报语调和年报可读性的文献综述，包括衡量方法以及经济后果文献的梳理。（3）回顾了股价同步性、股票流动性和股价崩盘风险的文献综述，包括这三方面与定价效率的关系以及影响因素。（4）梳理了信息披露与资本市场定价效率的文献综述。最后对本章梳理的文献述评，为下文做铺垫。

第 3 章
制度背景与理论基础

3.1　制度背景

3.1.1　年报文本信息披露制度的发展与演变

（1）年报的发展。1991 年，我国证券市场刚刚成立，公司信息传递存在着诸多问题。在此阶段，分析师充当了信息的中介，而资本市场上的投资者忽略了信息的来源以及是否真实，导致资本市场上异象频出。在此背景下，2001 年上交所颁布《上市公司信息披露工作核查办法》，意味着年报信息的规范性和真实性受到了证监会的重视，并且在文件中重点强调"年报中是否存在虚假陈述、是否存在错误、是否存在重大遗漏"。从 2001年开始，年报一直处于不断完善的阶段，正逐渐成为资本市场重要的信息载体。在会计准则以及披露制度的约束下，年报越来越"细"也越来越"厚"。但是，因为其中具有大量的专业性词汇，理解年报的难度加大，易于理解的年报能够大大降低解读成本，使投资者最大程度地获取有效信息（Miller，2010）。年报语调中包含着财务数字信息难以表达的增量信息，能够体现出管理层的心态和情感倾向，投资者可以感同身受。

年报按照 2012 年的行业分类，可以划为 13 个门类、90 个大类。对于非专业的投资者来说，阅读专业性的年报具有一定的难度，可能需要分析师报告或者媒体报道获取更多关于公司的信息。并且我国被认为是高语境传播社会，管理层为了隐蔽坏消息，可能会增加年报信息的复杂性，提高投资者的解读成本。针对年报可能趋于复杂化，2003 年修订的《年度报告的内容与格式》第六条规定"避免不必要的重复和保持文字简洁"。2015年修订的《年度报告的内容与格式》第三条再次说明"公司应当以简洁明了的方式披露对投资者有用的信息"。这些规定为投资者提供决策有用的信息提供了支持。

（2）我国年报文本信息的生成过程。资本市场的参与者主要包括公司、投资者、监管部门。公司在运行的过程中需要耗费巨资，自身资金不能满足企业的需求，所以它们需要融资。企业融资主要包括内源和外源两种方式，后者主要是以债务和股票为主的融资。根据融资优序理论，先内源、再债务、最后股票融资。因为内源和债务融资所消耗的成本较低，但是由于上述方式的资源有限，不能完全满足资金需求，因此需要在市场上发行股票，吸引外部投资者以获取资金。公司盈利后，将会回报相应的股利。站在投资者的角度，投资者进行投资活动，想要获取更多的投资回报，一部分是投资项目的增值部分，一部分是投资项目所带来的分红。所以投资者会比较青睐具有较高发展潜力以及经常性分红的公司。综上我们可以看出，投资者和公司具有明显地位不匹配的情况。公司所处高位，投资者所处低位，原因在于：一是数量上的不对等，资本市场上的投资者众多，公司不会关注也不会理会一些投资者的负面情绪。二是关注的差异，投资者为了降低投资风险，会实行差异化和分散化的策略，把鸡蛋放在不同的篮子中，而投资者的注意力是有限的，不会全方位把关，因此，投资者可能会疏于对公司的监督。三是意识差异，大部分股东缺乏股东意识，他们进行投资的主要目的是抬升公司股价，随后抛售，获取更大的利益；公司也未将投资者看作股东，而是出于礼貌将投资者称作"中小股东"。这种地位上的差异带来了两类问题，第一，信息不对称，第二，代理冲突，这两类问题互为因果。信息不对称是由于公司对投资者的忽视以及投资者并未行使自身的权利，导致公司不及时、不真实地传递公司信息；反过来，投资者注意力高度分散化，为投资者隐瞒信息提供了机会。代理冲突是公司管理者为了自身利益最大化，会从中剥削投资者的利益，信息不对称又给这种行为提供了机会。理想状态下，管理者和投资者所要达到的目的应该表现为趋同，而现实并非如此。公司的产权界定不清晰，具有领导权的管理者有动机侵犯他人的产权，代理冲突产生。管理者为了隐瞒这种现象，又增加了信息不对称。

在此背景下，投资者处于弱势地位，利益容易受损，因此监管部门的监督作用起到了关键作用。监管部门具有一定的威慑力，能够建立公司声誉档案，威慑公司的违规行为。公司为了不让自己的声誉受损以及在资本市场获取更多的资金，会主动披露信息，包括强制性信息以及自愿披露的信息，进而向投资者传递更多有价值的信息。然而，投资者并非行业内的专业人士，可能存在着误解公司信息的现象，比如公司业绩下滑导致盲目地抛售股票，而忽视了公司业绩下滑是因为公司在从事研发活动。为了弥补会计信息缺乏解释力的缺憾，公司在披露会计信息时，需要借助文本信息做出解释。文本信息具有三个方面的优势：其一，文本信息不局限于严格的格式。会计报表的信息内容受到严格的限制，管理者在编制的时候限于格式的约束不能随意发挥。而文本信息更为灵活，可以在附注中进行充分的文字说明。其二，文本信息更具可理解性。读懂会计报表中的财务信息需要投资者具有较高的专业水平，大部分投资者并不能达到此要求，因此可能对会计信息存在解读偏差。相比之下文本信息更易于投资者理解，管理者可以通过简单明了、通俗易懂的语言对公司的经营状况以及未来的发展前景进行阐述。其三，文本信息更具情感色彩。相比于苍白的会计报表信息，文本信息能够传递出管理者的情绪，当管理层对企业发展前景充满信心时，其会积极使用大量的乐观词汇。相反，当管理层对企业的未来信心不足时，可能较多使用悲观语言。这加强了投资者的意识，使双方的信任程度更高。

（3）年报文本信息披露制度的规定。我国年报文本信息披露是指公司通过年报的形式向外界公开披露的一种行为。其规范主要包括四个层面：第一层次是法律法规，如《证券法》；第二层次是制度规范；第三层次是规则；第四层次是指引文件，由中国证监会颁布。中国证监会于2003年首次颁布了《公司信息披露内容与格式准则第1号——招股说明书》，2007年对1号内容进行了修订，这些准则和规定强制企业必须按照要求如实披露。

2004年1月国务院在推进资本市场改革开放的文件中提到：强化披露义务人的责任，努力确保信息的真实性、完整性和及时性。2006年的《证券法》中规定，发行人、上市公司应当遵循准则如实披露信息，不允许误导性披露和重大遗漏内容。

披露的真实性是首要原则，发行人需要确保信息完整且准确，不得有重大遗漏，确保投资者形成判断意识。此外，证监会鼓励公司用通俗的语言进行陈述，这样更易于中小投资者理解和解读，并且要连续披露，中间不得间断，而不是选择性披露，这为年报文本信息的真实可靠奠定了基础，可以获得更多人信赖。

然而，许多上市公司为了利益不惜一切代价做出违规的行为。一方面，企业虚增资产，隐藏或延迟发布信息，吸引投资者；另一方面，应计提不计提，导致了信息失真。对此，监管部门惩罚了因信息披露违法而被退市的企业，如珠海市博元投资股份有限公司和江苏雅百特科技股份有限公司。并且为了避免类似事情再次发生，证监会于2018年修订了退市制度，补充了因重大信息披露违法、欺诈以及涉及国家安全的违法行为，这样的话是会被要求强制退市的。对于自愿性信息披露内容，并没有严格规章制度去约束，而且监管部门是很难把控的，所以是否涉及违规行为并不知晓。宝利国际（代码：300135）与境外公司合作，对后续投资公告的变化和进展并未及时披露，股价出现了异常波动，为此，其成为第一个因为自愿性信息披露不充分而被处罚的例子。

（4）年报文本信息披露制度的特点。纵观年报文本信息的修订过程，我国的披露制度具有以下特点：

第一，以准则为导向。年报文本的内容以及格式需要严格遵循准则。

但随着市场的发展以及企业的业务日益复杂，上市公司披露内容的弹性空间加大，鼓励管理层增加自愿性信息披露的内容，让外界更加充分地了解公司。

第二，以市场信息需求为导向。随着投资者的信息需求越来越大，年报文本信息内容不断得到调整和补充。当公司增加新业务时，管理者在年报中要充分说明。年报中关于创新、风险以及战略等内容，便是为了迎合投资者的需求。

第三，采用叙述性语言。年报文本信息更多地以描述性语言为主，是对会计报表信息的解释和补充，有利于投资者更好地理解公司状况。

3.1.2　我国资本市场制度及功能分析

（1）资本市场制度分析。资本市场一般是指期限在 1 年以上各种资金融通活动的总和。按照马克思的经典定义，资本是用来创造剩余价值的价值。无论货币作为资本借贷或者用来兴办企业，最终都必须变为企业的投资。由于期限在 1 年以下的短期金融市场，主要是调剂短期资金余缺，同时也为缺乏支付手段的部门提供将其他形态的金融资产变为现金的方式，对于企业来说仅是维持现有的生产能力，并不参与资本形成，而且金融工具流动性大，故称为货币市场。根据证监会制定的资本市场发展报告，将其划分为四个阶段：1978～1992 年的萌芽阶段、1993～1997 年的成长阶段、1998～2008 年的规范发展阶段、2009 年至今的多层次资本市场发展阶段。

资本市场萌芽期始于改革开放初期，中国的经济模式不断发生改变，慢慢地由计划经济迈入市场经济，同时国企股份制改革也促使了资本市场的发展。为了给国企改革提供充足的资金，"上交所""深交所"于 1990 年先后成立，并发布了与股票发行和交易有关的一系列操作指南。很多国企凭借政策顺利完成改革，至此，中国资本市场形成。两家交易所成立后，上海市政府和深圳市政府分别颁布了《上海市证券交易管理办法》和

《深圳市股票发行与交易管理暂行办法》，规定了上市公司应当披露的信息内容以及相应违规处罚措施。

1992年10月，中国证监会成立，此时，我国证券市场监管体系不再是由地方政府和各部委共同监管的多头、分散式的低效率监管。1993年颁布了《公开发行股票公司信息披露实施细则》和《禁止证券欺诈行为暂行办法》，1994年颁布了《公司法》，这意味着对公司的规定在不断完善，也更加具体，从融资、投资、经营、破产等方面做了详细的规定，这为资本市场的发展奠定了基础。同时，证监会颁布实施了《公开发行证券的公司信息披露的内容与格式准则第2号〈年度报告的内容与格式〉》，针对上市公司年度报告信息披露进行了具体规范，为监督上市公司信息披露和保护投资者的利益做出了有益探索和尝试。

1998年国务院证券委和人民银行的相关职能划入证监会，由证监会垂直管理地方证券监管机构。从此，我国证券市场的监管体系成功实现了转型，初步形成了集中的监管模式。1999年7月实施的《证券法》第一次在文件中明确了资本市场的重要性，确认了两个《上市规则》提出的信息披露基本原则。2002年1月，证监会颁布实施《上市公司治理准则》，首次规范信息披露有关公司治理信息的问题。我国监管效率逐步提高，上市公司信息披露制度的规范性、约束力不断增强，为进一步健全证券市场监管制度、健全信息披露制度打下了基础。2005年的修订使得《证券法》不断得到完善，修订后的《证券法》明确指出，对于信息披露义务人、证券账户发生重大异常交易的，证券交易所是可以实施信息披露监管和限制交易的，明确和细化了证券交易所的权责，查处了"银广夏"和"科龙"等违法企业。2005年开始进行股权分置改革，直到2008年底，除S佳通等企业未完成改革外，其他企业均已完成。在此期间，深交所于2004年实现了中小板上市，这不仅促进了企业发展也满足了需求。同时，中国新三板也迎来了发展契机。截至目前，中国已经逐渐形成了主板、中小板、创业板等多层次资本市场，促进不同规模的企业发展。2014年深交所进一步扩大了公司范围和公告类别信息披露的范围，上市公司信息披露不断完善，沪深交易所为了监督上市公司所披露的信息，开始有针对性地大规模发放问

询函，对上市公司信息披露的情况进行了监督。接着，沪、深两大交易所
由地区监管转变为分行业监管，鼓励上市公司主动披露行业经营相关的信
息，以增强行业信息披露的专业性和针对性。《证券法》于 2020 年 3 月经
第二次综合修改后正式实施，提高对信息披露违规行为的处罚力度，设置
了专门的信息公开制度。我国证券市场经过 30 年的持续发展，逐步演变，
基本建成了一套完善的信息披露监管体系。根据上述内容可以总结出以下
几个趋势：首先，信息披露的清晰性和可读性得到了明确化，早期的信息
披露原则并未提出通用标准，最初只针对会计文本的披露提出要求，后期
逐渐扩展到上市公司所有信息的披露。其次，我国对上市公司年报披露的
内容逐渐增加，并且更加细化，相关内容和格式均制定了具体的要求。然
后，强调了证券交易所作为一线监管主体的责任。最后，对承担信息披露
法律责任的人，其定位越来越准确，我国监管机构不断加大对信息公开违
法行为的处罚力度，违法成本显著上升。

（2）资本市场的功能分析。

①资本市场的微观功能。

一是资本市场，具有融通资金的功能。资金融通是指资金的需求者从
供给方筹集，表现为储蓄转化为投资。资本市场是以特定的资本形态进行
交易，以最大的资本利润为目的。在资本交易活动中，资本呈现多样化的
态势。金融产品（股票、各类债券和投资基金）在资本市场上通过交换，
既可以通过直接或间接的方式使一般企业获得大量资金，又可以提供低成
本的融资渠道，为经济主体的运作提供弹性化的资金供给，以弥补财政赤
字和必要的财政支出。重要的还在于，资本总是向那些有发展潜力的领域
靠拢，这些领域是能够获得高额的利润，因此能够以较低的成本来获得所
需要的资本。

二是资本市场具有风险定价的功能。风险定价反映的是资本未来收益
和风险之间的函数关系。股票是最为基础的一种。普通股是一种综合性的
资本资产，不仅包括有形资本，甚至还包括公司未来盈利的潜在能力。在
资金资源的积累和配置过程中，资本市场风险定价功能扮演着举足轻重的
角色。首先，它决定了风险资本占有条件；只有能够付得起一定风险报酬

的融资者才能获得资本资源的使用权，保证资源向使用效率高的企业或部门倾斜。其次，对能取得平均利润率以上的企业而言，往往有资格以及条件发行新股，而低于平均利润的企业为了维持当期股价水平，通常使股票贬值以维持现在的股价水平。

三是资本市场具有资源配置的功能。经济发展中资源优化配置一般可借助于两种方式：其一，由计划经济性质决定计划配置方式；其二，市场经济决定的资本市场配置方式。市场配置资源具有三个基本条件：第一，产权明晰；第二，价格信号准确、及时；第三，具有可交易性。一个有效运作的资本市场，其配置资本的效率在于其价格机制，资本市场上的资本品种价格是在资本的平均利润中产生的，以及在独立的市场主体中竞争产生的。通过公平、公开的竞争形成合理的证券价格，引导社会资本流向具有较高资本收益率的产业部门及企业。另外，资本市场在资源配置上更有效率，原因是降低了资本资源的交易成本。资本交易成本一般包括寻找费用、信息费用和签订合同费用。在交易市场中，众多的金融工具的供给者和需求者在一起进行竞价交易，减少寻找资本和信息成本，提高了资源的配置效率。在一个有效的资本市场中，资本的价格能够反映所能收集到的所有信息。

四是资本市场具有流动性的功能。首先，投资者在流动性良好的资本市场中会更加踊跃，他们会根据市场的变化和预期，持有更多品种的金融工具。如果资本市场流动性较差，投资者会被迫持有金融工具直至到期，甚至被迫选择永久持有，那么无疑会增加投资者的投资风险。其次，在流动性好的资本市场中，市场主体之间的不断交易会对资本资源进行配置。在流动性差的市场中，资本配置是固定不变的。并且，只有在一个流动性的市场中，公司控制权的转移才是通过公司所有权的买卖来实现的，实现公司治理的优化。最后，资本市场的流动性是交易的前提，在不断的交易中体现出资本的价值。

五是资本市场具有市场评价的功能。对于股票市场而言，股价充分反映了上市公司的经营业绩和经营管理水平，这是一个信号。当市场暗淡时，投资者会不断地丧失掉信心进而"用脚投票"，大量抛售公司的股票。

当股价下跌时，公司的生产经营模式和管理模式都需要持续改进，发展方向也需要持续调整，否则股价将一蹶不振，公司将面临被其他公司收购兼并的风险。另外，投资人也可以通过资本市场披露信息，发现、判断企业的内在价值，从而对投资做出理性的选择。因此，基于资本市场评价功能，资本市场可以对增量资本累积与存量资本调整起到有效的引导作用，从而达到宏观上的融资与资源配置的功能。

②资本市场的宏观功能。

一是资本市场的"晴雨表"功能。资本市场可以超越时空的限制，使信息能够提前传递给供需双方，并据此判断获得或者出让资本。通常情况下，资本越多地流入某个板块，说明该板块的收益水平相对较高；资本流入得越少，说明该板块的盈利水平越低。但要注意的是，价格战会导致利润减少，甚至因为市场竞争激烈而出现亏损，所以，在资本越密集的情况下，资本未必多多益善，盈利率也可能较低。如 1000 万元流入，盈利率可能是100%；流入 2000 万元，盈利率可能只有 50%。于是资本市场的存在，就给人们提供了一个重要的投资信息，股票和债券市场在一段时期内的走势充分体现了国民经济的整体运行状况，成为国民经济的"晴雨表"。

二是产业结构的"调节器"。向新兴产业注入增量资本和资本存量的重组是产业结构调整的关键，但生产要素的自由转移在现实经济生活中往往存在障碍。现在，我国资本市场的快速发展为产业结构调整提供了良机，资本市场依靠资本的流动性和高效率，能够有效推动产业结构的优化。其中，产业结构的调节功能主要是通过证券的结构性流动来实现，即国家可以通过证券二级市场的股权买卖和企业并购，实现资本在企业与部门之间、产业与企业之间的合理流动。证券的流动性可以通过对产业结构和资源配置进行有效的调节，引导资金等生产要素向产业部门或国家需要支持的领域流动。此外，国家会通过上市条件调整、配股等方式扶持新兴产业，而且产业结构调整与升级需要大量资金，自然需要资本市场提供渠道，让资金融通起来。

三是通货膨胀的"减压器"。通货膨胀对国家经济的增长有着很严重的负面影响。通货膨胀一般是由货币扩张、财政扩张、经济结构缺陷造成的。但在反通胀中政府往往把重点放在财政货币政策的调控上，而对资本市场运行作用并没有引起注意。资本市场的发展和功能的发挥，有助于实现货币经济向资本经济方向转变。一方面，资本市场的运作会使得货币扩张向资本扩张转变，在扩大资本供给规模的同时能够保持相对稳定的货币总供给量，促使货币在不同经济主体之间流动。另一方面，资本市场运行有助于政府以证券化的方式缓解财政赤字，当政府弥补财政赤字时，如果采用增加货币投放量的做法，很容易造成通胀。而以发行证券进行举债融资的方式，能达到降低通货膨胀的目的。

四是金融风险的"分化器"。银行是储蓄向投资转化的主要中介，缺乏多种必要的融资替代途径。尤其，国有企业的融资渠道单一，使得企业的经营风险很容易转移到银行。目前，金融体系中信贷资金服务对象以国企、大中型企业为主，这种"融资依赖"将加大银行贷款的风险集中度。因此，打破这种"融资依赖"，积极发展资本市场，从以间接融资为主向以直接融资为主过渡，消除信用过度集中于商业银行带来的金融风险。

3.2   理论基础

3.2.1   委托代理理论

委托代理制度并不是突然产生，而是随着企业规模的不断扩大，需要对公司人员按照专业进行分工，企业内部的分工与专业化不仅体现在技术操作等微观领域，也表现在整个宏观框架中。既然有分工，就存在合作和利益冲突。20 世纪 30 年代，由于所有权和经营权集于一体存在很多的缺点，并不利于企业长期可持续的发展，美国学者伯利和米恩斯提出了委托代理理论，将所有权归属于股东，经营权归属于管理层。阿尔钦和德姆塞茨（1972）认为，所有人都是以自身利益最大化为目标的，所有者将控制权交给管理者是错误的。委托代理问题初见端倪。詹森和梅克林（1976）提出委托代理关系是一种契约关系，是委托人赋予代理人一些权利并从事某项活动的关系。

委托代理理论是建立在信息不对称理论基础上，委托人是劣势者，对公司并不是很了解，而代理人是优势者，因为他们对公司了如指掌。所有者和经营者是两个不同的群体，他们各自想要实现的目标是不同的，随之产生了委托代理问题。首先，二者的目标是存在差异的，委托人想实现的是财富最大化，希望代理人按照意愿履行受托责任，进而完成目标，而代理人更在意的是薪酬，可能并不总是按委托人的意愿履行受托责任，由此产生了代理问题。其次，二者的责任是不一致的，委托人关注的是企业是否盈利，盈利多少，而代理人的职责是日常经营，并不怎么关心盈亏情况，盈亏对委托人的影响远远大于代理人，从而增加了委托人的风险。再次，二者的信息不对称将会产生逆向选择和道德风险，前者是指在确定委托代理关系前，代理人签订对他们更加有利的契约，属于一种事前的行为；后者是指在确定委托代理关系后，代理人可能投资风险大的项目，高风险对应高收益，以满足自己的利益需求，增加了委托人的风险，属于事后的行为。最后，二者在签订合约时，委托人并不能将所有的权利和义务在文件中一一规定，代理人由此具有一定的裁量权，委托人不能利用建立的合约约束代理人。霍姆斯特龙和科斯塔（1986）发现，当代理人面对具有风险的投资项目时，如果没有适当的激励机制，经理人可能会放弃项目以免损害自身的利益。委托代理关系如图 3.1 所示。

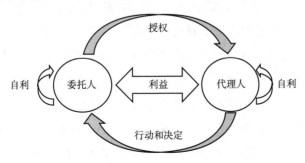

图 3.1　委托代理关系

基于企业的委托代理问题，大股东、中小股东和管理者这三个群体存在着分歧。其中，股东和管理层之间的矛盾属于第一类代理问题，也是公司内部的主要矛盾所在；大股东和中小股东之间的矛盾是第二类代理问题，他们存在利益博弈问题。股东、管理者与债权人的矛盾是第三类代理问题。投资者将资本投入到企业中，相应地可以获得一定比例的企业所有权，同时投资者也具有对公司收益或者最终清算的剩余资产的权利。股东作为所有者，享有契约约定的权利；而对于中小股东来说，享有的是控制权，可以参与股票的交易，也就是经济学上常提到的"用脚投票"。中小股东无法监督控股股东的行为，后者会利用手中掌握的控制权，资金占用、关联交易等手段夺取利益。大股东更是具有信息优势，会使用掌控的权利进行财务舞弊，损害其他股东的利益。

为了解决委托代理问题，委托人往往会建立契约来对代理人进行管制，以防发生机会主义行为。信息披露作为内外部信息沟通的杠杆，会缓解代理问题。一方面，委托人要求代理人披露相关的信息，对代理人的约束程度越高，信息披露的质量越高，越能缓解委托人和代理人的冲突；从另一方面来看，契约中一些规定的执行需要成本，管理层会主动披露信息以减少代理成本。盖博（1985）发现提高信息质量对降低这类成本会起到作用。布什曼和史密斯（2001）认为会计信息具有补充作用，从而降低了代理成本。委托代理理论为信息披露和资本市场定价提供了理论框架。

现代企业所有权和经营权分离，使得管理层拥有更大的权利，他们往往会按照自己的意愿从事某项活动，导致委托代理问题更为严重。代理人出于自身利益最大化的考虑，在达到委托人合同要求的目的下，可能会虚假披露或者不完全披露，以获取高额报酬。为了缓解这类问题，公司需要设置合理的激励政策，减少机会主义行为。公司年报文本信息作为财务信息的重要补充，反映了诸多公司特质信息，关乎到了资本市场上所有投资者的利益和决策，由此可以得出，充分有效的年报文本信息对缓解委托代理问题发挥了关键作用。年报语调作为年报文本信息的重要特征，表达了管理层的情绪，真实可靠的表达可以增加公司信息的对称性，减少代理成本，促进投资者进行科学合理预测，进而提高定价效率。但是不妨碍管理层会进行虚假披露以及披露异常正面的信息，加剧了上市公司的委托代理问题，降低了资本市场定价效率。整体来说，信息披露制度是基于公司委托代理关系产生的，同时委托代理理论为上市公司信息披露提供了基础理论依据。图 3.2 具体展示了委托代理、年报语调与资本市场定价效率之间的关系。

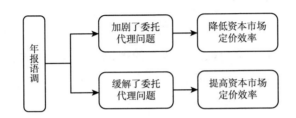

图 3.2　委托代理、年报语调与资本市场定价效率的关系

3.2.2　信息不对称理论

　　传统经济学的一个基本假设是，市场上交易的双方是透明且具有相同能力的，双方具有完全相同的信息。然而，事实上，市场上的各交易主体获取的信息不可能是完全相同的。20 世纪 70 年代，美国经济学家第一次在资本市场研究论文中提及了信息不对称理论，为后续的研究提供了新的视角。实际上，自古典经济学盛行以来，这一理论就逐渐地在萌芽，其更注重的是信息本身的对称性和充分性，也就是交易双方具有完全的信息，不存在获取信息的偏差。然而，现实中信息常常表现为不对称也是不充分的，这一假设条件随后受到了质疑。阿克洛夫（1970）在《柠檬市场》中写到，交易方并不总是能够获取到同样的信息，而是有偏颇的，卖方是具有优势的，比买方掌握的信息更全，所以会导致市场效率受影响，甚至市场机制失灵。此后，信息不对称成为研究的焦点。信息不对称是指市场上的交易方获知的信息不同，优势方会掌握很多有用信息，

处于市场上的有利地位，而劣势方则处于被动地位。信息不对称造成的影响是优势方为了获取足够多的利益会损害劣势方，从而引发道德风险和逆向选择。根据时点信息不对称分为事前和事后两种，其中前者为逆向选择模型；后者为道德风险模型。根据内容可分为隐藏行动模型和隐藏信息模型。前者讲的是参与人的行为对于另一方而言是无法观测的；后者是指参与人的信息对于另一方而言是无法知晓的。因而，优势方为"代理人"；劣势方为"委托人"。

信息的价值并没有看重解释信息存在的意义，更多是说明它和企业生产要素没有差异，需要被纳入核算的框架中。社会资源配置是以价格为基础的，信息不仅反映了商品的价格，也决定了经济生活中人们的博弈过程。格林沃尔德和斯蒂格利茨（1986）发现，因为信息是不对称的而且竞争是不完全的，市场机制很难实现帕累托最优。在现实的情况中，市场失灵不仅仅是因为外部性，在很大程度上是因为市场不完备、信息不完全和竞争不完全。所以要想避免这一现象发生，政府需要利用手中的权威干预市场。在交易双方存在信息偏颇的情况下，价格会引起需求的变动。赫尔维格（1980）认为由于偏好的差异，均衡价格并不是有效信息的体现。所以每个交易者对价格的影响可以忽略，所以市场中均衡价格依赖于信号的均值和噪声交易者的需求。信息不对称在公司研究中涉及得比较广泛。公司为了获取资金会向资本市场求助，投资者为了自身资产保值增值，会将资金投资在资本市场，因而企业与投资者构成了博弈双方。首先，投资者将资金投资于一家公司前，会对公司的经营情况和未来发展进行了解，避免太过依赖公司发出的信息而造成投资错配，信息也是有噪声的。一方面，管理层采用对外公开披露年报信息，向外界散发积极的信息吸引投资者的关注。另一方面，公司的这些信息是会不同程度地受到其他信息的干扰。因为企业存在委托代理问题，管理层想要实现漂亮的业绩，会虚增收益低估费用，吸引投资者。此外，由于管理层也会受到审计师、分析师等监督，也可能释放较为真实的信息。投资者会从多渠道了解信息，导致接收的信息鱼龙混杂，会出现逆向选择的问题。而管理层也可能将投资净现值较高的项目资金挪作他用，引发资金用途的道德风险。就上市公司年报信息披露而言，股东与管理层签订代理协议后，股东并未真正参与到实际的经营中，只能通过利润和销售额判断管理层的努力程度，而这也会受到市场以及国家政策的影响，所以股东无法准确区分公司所获得的绩效是管理层努力工作的结果还是不确定因素的影响，而管理层掌握了这些信息优势。因此，对于年报文本信息的披露管理层极具信息优势，会进行策略性披露。年报正面语调并非企业真实情况，年报异常正面语调可能是管理层夸大有利信息，向股东彰显其经营成果的结果，导致股价扭曲，影响资源的配置功能。虽然管理层会模糊年报信息，隐藏不良信息或者隐匿工作的失败，但是当管理层披露负面信息时，说明管理层可能确实存在不确定性、战略调整以及经营风险等，一定程度上缓解了投资者与公司的信息不对称，降低了投资者的投资风险。因此，信息不对称理论不仅阐释了信息披露的重要性，而且在年报语调与资本市场定价效率间发挥了重要的作用。图3.3具体展示了信息不对称、年报语调与资本市场定价效率的关系。

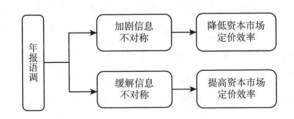

图3.3 信息不对称、年报语调与资本市场定价效率的关系

3.2.3 有效市场理论

20世纪70年代，美国金融学教授尤金·法玛（Eugene Fama）提出了有效市场假说，内容是在完善、健全和竞争充分的股票市场中，股价会反映出公司的真实情况，包含有价值的信息。换言之，在有效市场中，投资者是完全理性的，股价是其内在价值的真实体现，而不会长期偏离其内在价值。进一步，马尔科姆（1992）认为市场有效性主要可以从这三个方面考虑：一是与资产相关的信息可以通过价格体现出来；二是市场对于一些信息是有效的，若将这些信息向参与者公开，资产价格是不发生变化的；三是投资者利用这些信息不可能得到异常收益。布雷利等（2012）认为有效市场中的股票价格基本反映了公司的公允价格。

法玛认为，有效市场假说包括弱式、半强式和强式。其中，弱式有效市场是指资产价格能够有效地反映历史信息；半强式有效市场是指资产价格已经呈现出了全部公开信息，包括历史的和其他方面的信息。强势有效市场是指资产价格不仅呈现了公开信息，也呈现出未公开的信息，比如内幕信息、私人信息。在 20 世纪 90 年代以前，市场有效性假说具有一定的说服力，在此之后，有许多金融学理论和资产定价模型延展出来，包括资本资产定价模型、套利定价模型等。市场有效是建立在下面三个方面的：一是投资者都具有足够的理性，可以对资产理性定价而不受其他因素影响。二是当存在非理性投资者时，理性人与非理性人的对冲并不会给资产价格带来影响。然而，大量的研究表明，投资者出现非理性行为并非偶然，而是存在"非理性偏差"（Shafer et al.，1974；Tversky et al.，1992）。三是虽然非理性投资者偏离了标准，但市场上的理性投资者是比较多的，他们会不断地使价格达到正常的水平。最终被市场淘汰。

然而，市场上的信息提供者可能出于某种目的会故意隐瞒或者夸大某些对自己有利的信息，信息不对称总是存在的。而且，投资者之间也是存在差异的，即使对于同一种信息，不同的投资者也会解读出不一样的内容，从而会选择不一样的投资决策。虽然经济学在理性经济人的假设前提下，针对一般物品，推导出了供给和需求曲线，但是金融市场研究的对象不是一般物品，而是各种金融资产。相比于一般物品，金融资产具有很强的流动性，买卖双方可以轻易转换，因此在金融市场中，信息以及对资产价格的预期就显得格外重要。有效市场假说中的"完全理性人"在实际情况下是很难实现的。强有效的市场不会使股票价格偏离企业价值，提高市场有效性的根本是要解决信息披露、传递以及反馈三方面的问题，其中最重要的是信息披露，也只有解决了信息披露问题，传递和反馈才能顺理成章地完成，资本市场上的参与者才能更详细地了解公司的经营状况，以便做出准确的决策和预测。因此，信息披露是非常重要的，可以让外界了解内部，是实现市场有效性的基础。黛蒙德（1985）认为，当公司公开披露信息时，投资者获取私有信息的动机降低，拥有信息优势的投资者会损害其他投资者的利益来进行交易，不知情人当不满足预期收益时，会要求回报溢价。科尔斯等（2006）指出，对于成长性差的公司，强制性信息足以降低公司的不对称程度，原因是这类公司不需要从外部筹集资金，且关于诉讼和激励方面付出的代价都很低，几乎不需要自愿披露。对于成长性强的公司，强制披露可能带来较高的信息不对称。对于这类公司，自愿性信息披露会起到积极的作用，能够很好地降低信息不对称。

年报作为公司与资本市场的沟通桥梁，会对市场的定价效率起到关键作用。证监会强调"在每个会计年度结束之日起4个月内对外公布年度报告"。即使对于年报信息掌握不充分的投资者，分析师也会通过专业的解读，向外界传递信息。同时，媒体也会对对外公布的年报起到监督的作用。年报语调作为表达管理层态度的一种方式，分析师和媒体通过挖掘年报中的语调信息，能够提供财务信息难以体现的特质信息，对财务信息进行补充或替代，为投资者带来更多增量信息以提高股票的定价效率。但是管理层出于机会主义行为，也会策略性选择披露，积极地披露好消息甚至异常乐观的消息，股价中包含了有偏的信息。

3.2.4　信号传递理论

20 世纪 70 年代经济学家开始关注信息在经济学领域的作用，并逐渐形成了《信息经济学》这门新学科。信息经济学理论认为，有效的信息能够向外界传播有价值的信息，从而做出科学合理的决策。信号是优势方向劣势方传播信息的媒介，避免出现逆向选择的问题。信号理论包括传递和甄别，前者是指通过可预测的行为对外界传播有关价值的真实信息，是优势方主动发起的行为。信号甄别是指在不同的合同中识别有效信息，是信号弱势方主动发起的行为。甄别和传递的目的是一样的，就是降低信息不对称，避免机会主义。迈克尔·斯宾塞（1973）在《劳动力市场信号》中提出了信号传递模型的应用。首次将求职者的教育背景当作一个信号，上交给招聘方，减少出现薪酬不公平事件。这一理论随后在经济学和管理学中得到了广泛的应用，罗斯（1977）提出资本结构的信号传递模型，并认为负债率能够成为收益信息的信号。莱利（1979）验证出了 Spence 的信号传递模型，也发现工资和教育程度相关。随后，米尔格罗姆和罗伯茨（1982）将斯宾塞（Spence）的信号传递模型应用到了产业组织研究？蒂特曼和特鲁曼（1986）认为审计选择具有信号价值，聘请在业内口碑比较好，且具有较高专业水平的事务所能够取得较高的市场定价。达兰和列夫（1993）认为变更会计方法向投资者传递了公司可能发生财务困境的信号。

罗斯柴尔德和斯蒂格利茨（1976）将信号甄别模型应用到了其他领域，比如保险市场。在签订保险合同时，投保人是优势方，而保险公司对投保人的基本情况并不了解，成为劣势方，所以保险公司为了将自己的损失降为最低，会提出付出较高的保价，较低的赔偿金，这种运营机制造成投保人不断退出。为了避免这种现象，保险公司会视情况而定，与投保人签订不同的保险合同。

在当今企业中，管理层具有明显的优势，可以了解企业内部经营、资金流、风险以及发展前景的信息，而市场上的参与者特别是投资者，大多为散户，无法掌握公司内部信息，属于劣势方，对内部信息有很大的需求。在信号传递之前，投资者是无法辨别企业价值的，而是以市场上的平均价值作为参考进行交易，这就导致价值高的公司会被价值低的公司淘汰。显而易见，这种现象是管理层不希望看到的。从管理层的视角来看，管理层有向外披露自愿性信息的动机，且该信息是有利于公司价值增长的。龙立和龚光明（2017）发现，自愿性信息的披露是一种信号传递，可以提供额外信息，能够把向好的信息传播给外界。年报文本信息作为投资者了解公司的关键渠道，可以在管理层和投资者二者间发挥信号作用。此外，管理层掌握着经营的主动权，为了谋取私利，也可能存在操纵信息的动机，向外界公布有利于发展的信息。年报文本信息主要是"软信息"，这些信息真假难辨且企业对这些"软信息"的法律责任不清晰。企业披露的上市公司年报以及财务指标等"硬信息"具有较强的外部监督和明确的法律责任（曹廷求和张光利，2020）。当"硬信息"受到审计程序的制约时，管理层会通过粉饰文本信息来降低年报的可读性（王克敏等，2018）。年报语调作为管理层的情感表达，积极的年报语调可能包含着刻意误导投资者的有偏信息，是管理层粉饰不良业绩与隐藏坏消息的结果。因此，投资者不易获取公司的真实信息，有效性降低。

综上所述，在信号传递的机制下，年报文本信息披露具有一定的效用，但同时也会成为管理层操纵信息的手段。因此，这种文本信息的有效性需要辩证地去看待。图 3.4 中具体展示了信号传递、年报语调与资本市场定价效率的关系。

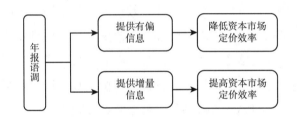

图 3.4　信号传递、年报语调与资本市场定价效率的关系

3.2.5　印象管理理论

印象管理理论源自社会心理学，指的是人们有意识地通过一定的手段影响他人对自己印象形成的过程。戈夫曼（1959）提出，人们总是会选择展示积极的一面，回避消极的一面，目的是给他人留下良好的印象和良好的评价。随着相关研究的不断深入，发现处于一定社会环境的人们总是会试图改变他人对自己的认知，给他人建立良好的形象。将印象管理的内容嵌入公司层面的研究中，企业的管理层会尽量地对外呈现正面的形象，避免负面信息带来不良效应，损害公司利益和影响公司正常的运营（Melloni et al., 2016）。年报文本信息作为资本市场参与者了解企业的重要途径，可以缓解信息不对称。而管理层对于年报文本信息的披露具有一定的酌情权，管理层为了粉饰不良业绩或者隐藏坏消息可能会对外披露有偏的年报文本信息。因此，印象管理在年报文本信息披露的研究中广泛存在。

管理层进行印象管理的方式有很多，自利归因是管理层印象管理的主要方式，即管理层出于自身利益的考虑，会把公司正面形象归因于自身的努力，相反会将公司负面形象归咎于外部影响。当公司业绩呈上涨趋势时，管理层会不断强调自身的付出与贡献；而当公司业绩比较差时，会不断强调外部市场环境等客观因素阻碍了业绩的发展。自利归因是管理层对客观性的一种扭曲，会加剧信息不对称，降低信息的有效性。此外，可读性也是管理层操纵的方式之一，当业绩较好时，管理层会披露易于理解的年报；而当业绩较差时，管理层会加大年报文本信息的理解难度，提高阅读者的难度，掩盖业绩变差的事实。另外，管理层凭借自身具有的信息优势，可能会对年报语调进行操纵，营造良好的市场氛围，积极的年报语调并不总是真实的，可能含有有偏信息甚至是错误信息，成为印象管理的手段。尤其是当公司业绩下滑时，管理层会增加语调的理解难度，降低外部投资者对财务信息操纵的怀疑。印象管理并无好坏之分，有时是习惯性或者无意识的自然行为，而管理层有目的地对年报文本信息进行操纵，长期来看，会有损于投资者的利益和资本市场信息的传递，使得股价不能体现企业真实的价值，从而降低了资本市场定价效率。图 3.5 中具体展示了印象管理、年报语调与资本市场定价效率的关系。

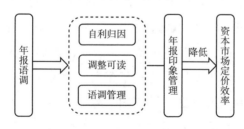

图 3.5　印象管理、年报语调与资本市场定价效率的关系

3.3　本章小结

本章介绍了年报语调和资本市场定价效率的制度背景以及理论基础。（1）制度背景，主要包括年报文本信息披露制度的发展和演变，以及我国资本市场制度及其功能分析。前者包括年报的发展、年报文本信息的生成过程、年报文本信息披露制度的规定以及年报文本信息披露制度的特点；后者主要对资本市场经历的萌芽期、成长期、规范发展期和多层次的资本市场发展及功能进行了阐述。（2）研究年报语调对资本市场定价效率的影响所应用的基础理论，包括委托代理理论、信息不对称理论、有效市场理论、信号传递理论、印象管理理论。

第 4 章
年报语调影响资本市场定价效率的
实证研究

4.1　年报语调与股价同步性

4.1.1　问题的提出

资本市场是中国经济的重要组成部分，可以利用股票价格这一信号实现资源的配置，进而提高经济发展质量。反映资本市场定价效率的一个重要指标就是上市公司股价同步性，即个股股价与市场平均价格的关联性，该指标可以反映公司特质信息的含量（伊志宏等，2019）。在成熟的资本市场里，股价中包含充足的公司信息，股价同步性较低。在新兴的资本市场里，股价经常与市场"同涨同跌"，股价同步性较高，说明投资者决策分析时无法将大量的公司自身特质信息融入对公司价值的评估中，仅仅依据行业或宏观层面的信息进行评价，影响投资者的价值评估。这不仅削弱了股价在企业估值过程中所发挥的筛选、甄别、评估等作用，也阻碍了企业的信息传播。现有文献普遍认为，中国资本市场尚未成熟，管理层面临的内外部监管相对较弱，盈余管理甚至利润操纵行为普遍存在，股价同步性较高。因此，降低股价同步性对提升定价效率至关重要。吉恩和迈尔斯（2006）认为，信息披露质量是重要的影响因素。

年报包含大量的积极词汇和消极词汇，李（2010）认为这些词汇具有情感倾向，我们可以将其定义为"年报语调"。已有研究表明，年度报告（Loughran and Mcdonald，2011）、MD&A（Li，2010；Bochkay and Levine，2019）、招股说明书（Ferris et al.，2013）、季度盈余公告（Demers and Vega，2011）、业绩说明会（谢德仁和林乐，2015）和公司新闻（Tetlock et al.，2008）的管理层语调中包含着财务数字信息难以表达的增量信息，能够体现出管理层的心态和情感倾向，有助于投资者站在管理层的角度上了解公司经营状况，从而降低信息不对称程度。而且投资者能够通过感知年报语调，判断管理层对公司未来发展状况的态度，有效预测公司未来的经营业绩。但近年来也有文献发现，企业管理层会出于个人私利原因故意披露企业虚假信息，在披露语调上做文章，都会影响信息披露的真实性（Bird et al.，2005；余海宗和朱慧娟，2021）。那么年报语调是否是影响股价同步性的新视角，考察年报语调是否使股价包含更多的公司特质信息导致股价同步性降低；或者管理层是否修饰公司对外披露的年报语调信息，从而误导投资者选择，提高股价同步性？如果年报语调可以降低股价同步性，是通过何种机制呢？鉴于此，探究了年报语调对股价同步性的影响，并进一步考察了其影响机制以及在不同的年报可靠性下，是否存在影响差异。

4.1.2　理论分析与研究假设

金（1966）最早使用 CAPM 模型探究股价同步性，提出个股收益率在很大程度上受市场和行业的影响。然而，仅用市场和行业层面信息揭示股价波动性还缺乏说服力，莫克尔等（2000）提出使用 CAPM 模型的拟合系数（R^2）衡量股价同步性。后续学者沿用此方法，R^2 越大，说明个股收益中有很大一部分受市场干扰，呈现较高的股价同步性。目前针对股价同步性与信息效率的研究，有不一样的观点。基于"信息效率观"，股价同步性越高，说明投资者决策分析时无法将大量的公司自身特质信息融入对公司价值的评估中，仅仅依据行业或宏观层面的信息进行评价，股价中涵盖的信息越少（Durnev et al.，2003；Li et al.，2004）。基于"非理性因素观"，股价同步性越高，股价中涵盖的信息越多（West，1988；Kelly，2014）。根据目前文献，我国学者较多使用第一种观点。朱红军等（2007）、周铭山等（2016）和许年行等（2013）均发现股价同步性越高，股票中涵盖的公司特质信息越少。

股票市场是信息的市场，在有效的股票市场，股价不会受到噪声干扰，可以更大程度地体现出公司的价值，因而股价同步性较低。而大量研究表明，市场并不是充分有效的（Penman and Zhang，2002；DeBondt and Thaler，1985），股价中不仅有公司基本信息，而且有噪声，此时，投资者难以区分公司好坏，导致其可能把市场上所有公司的平均质量作为某一个公司的价值判断基础，股价与市场"同涨同跌"（杨昌安和何熙琼，2020）。

根据信息经济学理论，管理层通过积极和消极的情感表达可以对盈余信息起到补充作用，增加了公共信息的供给量和质量，缓解了内外部之间的信息不对称（伊志宏等，2019）。一方面，财务文本信息披露是企业经营者、管理者以及投资者获取投资机会的直接信息渠道。贝克（2000）认为财务信息是一个充满活力股市存在的先决条件。企业及其竞争对手的财务会计信息披露在投资人进行决策时发挥了重要作用。财务信息的语调能够为投资者提供帮助，帮助他们发现更值得投资的机遇，引导投资者更准确地将资源配置流向价值更高的项目中。另一方面，股票价格较为直接地反映了所有关于公司前景的公开信息，并且投资者的决策倾向可能通过股票价格传递给其他潜在的投资者，影响对企业业绩预期和价值的评估。对于薪酬与业绩挂钩的高管来说，企业财务信息披露好坏直接影响其自身利益。为了维护自身利益不受损失，高管不会做出损害股东价值的机会主义决策，反而会更加积极地披露能够反映企业自身优势的特质信息。普莱斯等（2012）和戴维斯等（2012）研究发现，年报中呈现的语调向投资者提供了更多有用信息，并且投资者可以解读出其中的含义，做出与语调一致的反应。林乐和谢德仁（2016）提出投资者会听话听音，若语调表现为积极，那么投资者会相对应地做出正向的反应。

因此，语调能够补充并验证盈余信息，积极的年报语调降低了投资者的风险感知，提升股票购买者的信心，防止股价偏离市场走势，从而降低股价同步性。即使从信息柠檬观的视角，管理层为转移投资者对公司财务的注意，会不真实地呈现公司的经济状况。但由于年报信息披露具有连续性，即下一年的盈余信息会对上期文本信息内容进行验证，在一定程度上提高了信息的真实性。

谢德仁和林乐（2015）认为从管理层语调中可以预测出公司未来的业绩。正面语调能够向外界呈现出公司业绩良好的信号（Tetlock et al.，2008；Li，2010；Demers and Vega，2011；Loughran and Mcdonald，2011；Davis et al.，2012）。语调越真实，越能够预测未来收益（周波等，2019）。宋云玲和罗玫（2010）认为业绩预期总包含有效信息，市场会做出正向反应。语调具有信号传递作用，并且可以被投资者甄别出来，市场会做出相应的反应（苗霞和李秉成，2019）。对于潜在投资者，积极的年报语调预示公司未来业绩良好，投资者将会对企业未来持有美好的预期，对盈余信息给予正面的评价，促使该公司成为投资备选项目，股价中将包含更多的盈余信息；对于已关注并预期买入该公司股票的投资者，正面的文本语调使其被认同与肯定，最终促成投资行为（吴武清等，2020）。按照此逻辑，当年报总体语调较正面时，增强了公司未来收益的预测能力，获得投资者的信任和依赖，提升投资者信心，降低股价波动。

印象管理观认为，人们往往会存在美化自己印象的行为。随着公司年报文本内容的丰富，年报语调逐渐成为管理层印象管理的手段之一，对外呈现出良好的企业形象，企业信息披露所传递的信号并不一定真实反映企业状况。非强制性披露使得管理层有更大空间进行信息披露，此时管理层可能会出于个人私利原因而选择策略性披露行为，有选择性地通过积极词汇误导投资者对公司价值的判断。曾庆生等（2018）认为，管理层在编制文本信息时存在"口是心非"的嫌疑，年报语调对外呈现得越正面，内部人抛售股票的可能性越大；周波等（2019）在论文中得出结论，年报语调越积极，股价崩盘的可能性越大，而考虑语调真实可靠性后，上述关系得到了抑制，说明积极的语调可能是公司内部操纵的结果。正面的语调可能是有偏的并非真实的，诱导投资者，成为印象管理的手段。出于对声望和职位的保护，管理层会通过文字游戏向资本市场传播信息。管理层凭借自身具有的信息优势，可能会对年报语调进行操纵，以隐藏公司的负面消息。尤其是当公司业绩下滑时，管理层会增加语调的理解难度，降低外部投资者对财务信息操纵的怀疑，防止对股价造成不良影响。除此之外，文本信息未纳入监管范围内，具有较低的违规披露成本，当企业发生再融资、股票交易等正面形象管理的事件前，会努力对外呈现良好的形象，用正面的语调创造对自身有利的环境。年报专业性强且操纵的信息具有隐蔽性，投资者大多为散户投资者，对公司的信息操纵行为并不敏感，只有具备专业知识和经验的人员才能发现潜在的问题。而投资者并不能清晰地识别和区分各类信息，信息不对称程度加大，导致投资者对公司价值产生误判，股价中的特质信息含量降低，股价同步性上升。鉴于此，提出假设4.1、假设4.2：

假设4.1：年报净正面语调降低了股价同步性；

假设4.2：年报净正面语调提高了股价同步性。

4.1.3　研究设计

（1）样本选择与数据来源。由于2012年证监会修改了年报内容披露政策，正式发布了《年报准则》，进一步加强了对年报的监督。因此，以2012~2019年A股上市公司数据为样本，探究年报语调对股价同步性的影响。进行了以下筛选：剔除金融保险类公司样本；剔除被ST或*ST的公司样本；剔除缺失值样本。最终获得16632条观测值。年报文本信息取自文构数据平台、其他财务数据来自CSMAR。为避免异常值对结果造成干扰，变量在1%和99%分位数上Winsorize处理，控制年度、行业固定效应。

（2）变量定义。

①股价同步性。借鉴杜尔涅夫等（2003）的方法，式（4.1）计算 R^2，并用式（4.2）将 R^2 取对数值，得出股价同步性 Syn。Syn 越大，股价同步性越高。

$$r_{i,t} = \beta_0 + \beta_1 \times r_{m,t} + \beta_2 \times r_{I,t} + \varepsilon_{i,t} \qquad (4.1)$$

$$Syn_i = \ln\left(\frac{R_i^2}{1 - R_i^2}\right) \qquad (4.2)$$

$r_{i,t}$ 为第 t 周公司 i 的股票收益率，$r_{m,t}$ 为第 t 周市场收益率；$r_{I,t}$ 为第 t 周所在行业 I 的收益率；R_i^2 为模型式（4.1）的拟合度。

②年报语调。借鉴戴维斯等（2012）的方法，用正面与负面词汇数之差除以年报总词汇数计算净语调（$Tone1$）；用正面与负面词汇数之差除以二者之和计算净语调（$Tone2$）。此指标数值来自文构财经文本数据平台，平台指标构建过程描述如下：首先，借鉴拉夫兰和麦克唐纳（2011）创建中文金融情感词汇，涉及 22549 个否定性词汇，5934 个肯定性词汇，1363 个停用词汇。其次，采用 Python 对年报文本信息进行自动分词。年报语调可以表现出管理层的乐观程度。具体变量定义如表4.1所示。

表 4.1　　　　　　　　　　　变量定义

变量类别	变量	变量定义
被解释变量	Syn	股价同步性，根据公司股票市场收益、行业收益回归 R^2 计算得到
解释变量	$Tone1$	年报净正面语调，（正面词汇数 − 负面词汇数）/年报总词汇数
	$Tone2$	年报净正面语调，（正面词汇数 − 负面词汇数）/（正面词汇数 + 负面词汇数）
控制变量	Lev	资产负债率，总负债/总资产
	$Size$	公司规模，总资产的自然对数
	$Cash$	现金持有量，（货币资金 + 短期投资 + 交易性金融资产）/总资产
	$Growth$	营业收入增长率，（本期营业收入 − 上期营业收入）/本期营业收入
	$Dual$	两职合一，当公司董事长与总经理为同一人时，取为1；否则为0
	$Msholder$	管理层持股比例，管理层持股数/总股数
	$Bmarket$	市账比，权益市场价值/权益账面价值

续表

变量类别	变量	变量定义
控制变量	*Indboard*	独董比例，独立董事人数/董事会总人数
	First	第一大股东持股比例，第一大股东持股数/总股数
	TobinQ	托宾 Q 值，公司市场价值对其资产重置成本的比率
	Roa	资产收益率，税后净利润/总资产
	Ret	股票回报率，（当期最后一个交易日收盘价/当期第一个交易日收盘价）－1
	DTurn	换手率，成交量/发行总股数×100%
	Soe	企业性质，当企业为国有企业时，*Soe* = 1；否则 *Soe* = 0
	Big4	被"四大"事务所审计时，*Big*4 = 1；否则 *Big*4 = 0
	Media	媒体关注，媒体报道数量加 1 取自然对数
	Analyst	分析师跟踪，分析师跟踪人数加 1 取自然对数
	Year	年度虚拟变量
	Industry	行业虚拟变量

（3）构建实证模型。为了检验年报语调（*Tone*1、*Tone*2）对股价同步性（*Syn*）的影响，建立模型式（4.3）：

$$Syn_{it} = \beta_0 + \beta_1 Tone1_{it}/Tone2_{it} + \beta_2 Controls_{it} + \lambda \sum Ind + \gamma \sum Year + \varepsilon_{i,t}$$

$$(4.3)$$

4.1.4　描述性统计分析

表 4.2 为描述性统计结果，可以看出，股价同步性（*Syn*）的平均数为 －0.4151，中位数为 －0.3233，标准差为 0.8411，最小值为 －3.4275，最大值为 1.4070，表示样本数据的离散程度较高，意味着股价同步性是存在差异的。年报净正面语调（*Tone*1）的平均数为 0.0008，中位数为 0.0009，最小值为 －0.0213，最大值为 0.0232；年报净正面语调（*Tone*2）的平均数为 0.0062，中位数为 0.0063，最小值为 －0.1467，最大值为

0.1704，说明公司的年报语调存在差异。其他变量的结果与现有研究无明显差异。

表4.2　　　　　　　　　年报语调与股价同步性的描述性统计

变量	样本数	平均值	标准差	最小值	中位数	最大值
Syn	16632	-0.4151	0.8411	-3.4275	-0.3233	1.4070
*Tone*1	16632	0.0008	0.0091	-0.0213	0.0009	0.0232
*Tone*2	16632	0.0062	0.0659	-0.1467	0.0063	0.1704
Lev	16632	0.4167	0.2039	0.0511	0.4079	0.8668
Size	16632	22.1975	1.2923	19.9820	22.010	26.1907
Cash	16632	0.0682	0.0974	-0.1426	0.0545	0.4659
Growth	16632	0.3494	0.8983	-0.5968	0.1256	6.3225
Msholder	16632	0.0849	0.1542	0.0000	0.0017	0.6361
Bmarket	16632	1.0259	1.0551	0.1031	0.6672	5.9656
Indboard	16632	0.3752	0.0535	0.3331	0.3334	0.5712
Dual	16632	0.2756	0.4472	0.0000	0.0000	1.0000
Age	16632	2.0525	0.8690	0.0000	2.1972	3.3673
First	16632	35.2598	14.8928	8.7700	33.4900	74.9800
TobinQ	16632	1.9648	1.1631	0.8756	1.5805	7.4708
Roa	16632	0.0423	0.0518	-0.1704	0.0388	0.1929
Dturn	16632	-0.1403	0.4961	-2.1382	-0.0508	0.9393
Ret	16632	0.0837	0.4894	-0.5810	-0.0274	2.0412
Soe	16632	0.3732	0.4837	0.0000	0.0000	1.0000
*Big*4	16632	0.0586	0.2352	0.0000	0.0000	1.0000
Media	16632	4.4298	1.1722	0.0000	4.5760	8.3997
Analyst	16632	1.3139	1.2011	0.0000	1.0990	4.3298

4.1.5　多元回归分析

年报净正面语调与股价同步性。采用模型式（4.3）实证检验了年报净正面语调（*Tone*1）与股价同步性（*Syn*）的关系，做了单变量检验以及

对控制变量进行控制后的检验。表4.3 为年报净正面语调（*Tone*1）与股价
同步性（*Syn*）的回归结果，从回归结果可以看出，企业年报净正面语调
（*Positive*）与股价同步性（*Syn*）的回归系数为 0.9832、7.6343 和 4.7356，
且均在 10% 和 1% 的水平上显著。说明净正面的语调并不代表管理层真正
对公司的看好，存在操纵年报语调的嫌疑，而投资者并不能清晰地识别，
导致投资者对公司价值产生误判，股价同步性较高，假设 4.2 得到验证。

表 4.3   年报正面语调（*Tone*1）与股价同步性

变量	(1) Syn	(2) Syn	(3) Syn
*Tone*1	0.9832 * (1.7854)	7.6343 *** (10.0820)	4.7356 *** (6.8331)
Lev		- 0.6419 *** (- 14.4573)	- 0.5964 *** (- 15.0021)
Size		0.1202 *** (12.6053)	0.0869 *** (8.9674)
Cash		0.1895 *** (2.6963)	0.1351 * (1.7756)
Growth		- 0.0207 *** (- 2.6704)	- 0.0367 *** (- 5.1558)
Msholder		- 0.1831 *** (- 3.4348)	- 0.1432 *** (- 2.9956)
Bmarket		0.1323 *** (13.6828)	0.1592 *** (16.8452)
Indboard		0.0110 (0.0923)	0.0986 (0.9306)
Dual		0.00820 (0.5217)	0.0236 * (1.7189)
Age		0.0752 *** (6.3726)	0.1358 *** (12.6181)
First		- 0.0003 (- 0.6432)	- 0.0002 (- 0.4999)

续表

变量	（1） Syn	（2） Syn	（3） Syn
TobinQ		0.0388 *** （4.7282）	− 0.0348 *** （− 4.6623）
Roa		− 0.4985 *** （− 3.2310）	0.3328 ** （2.3955）
Dturn		− 0.1528 *** （− 9.9701）	− 0.2483 *** （− 17.6895）
Ret		− 0.2606 *** （− 14.9056）	− 0.3955 *** （− 21.4815）
Soe		0.2176 *** （13.2557）	0.1696 *** （11.3702）
Big4		− 0.1488 *** （− 4.9582）	− 0.0953 *** （− 3.3936）
Media		− 0.0001 ** （− 2.1591）	− 0.0004 *** （− 9.6526）
Analyst		0.00110 （1.3386）	0.0044 *** （5.6100）
Holder		− 0.0027 *** （− 7.2790）	− 0.0021 *** （− 6.2824）
cons	− 0.4143 *** （− 6.1360）	− 3.0871 *** （− 5.3696）	− 2.4307 *** （− 5.7957）
Year	Yes	No	Yes
Industry	Yes	No	Yes
N	16632	16632	16632
Adj. R^2	0.0001	0.1053	0.3237

注：① *** 、** 、* 分别代表在1%、5%、10%水平上显著；②括号内的数值是 t 统计量。

　　表4.4为年报净正面语调（Tone2）与股价同步性（Syn）的回归结果，可以看出，企业年报净正面语调（Tone2）与股价同步性（Syn）的回归系数为0.1055、1.0485和0.6549，且具有较高的显著性。说明年报文本信息披露的方式更加灵活多变，投资者的有限理性使其会受到年报语调

的干扰，从而不能更好地将公司特质信息融入股价中，因此净正面的语调越积极，股价同步性（*Syn*）越高。更换年报净正面语调的衡量方法后，假设4.2再次得到验证。

表4.4   年报净正面语调（*Tone2*）与股价同步性

变量	（1） *Syn*	（2） *Syn*	（3） *Syn*
Tone2	0.1055 * （1.8787）	1.0485 *** （10.0489）	0.6549 *** （6.8266）
Lev		− 0.6406 *** （− 14.4250）	− 0.5955 *** （− 14.9770）
Size		0.1200 *** （12.5888）	0.0867 *** （8.9506）
Cash		0.1883 *** （2.6789）	0.1343 * （1.7642）
Growth		− 0.0206 *** （− 2.6583）	− 0.0367 *** （− 5.1526）
Msholder		− 0.1830 *** （− 3.4330）	− 0.1434 *** （− 2.9996）
Bmarket		0.1320 *** （13.6524）	0.1590 *** （16.8333）
Indboard		0.0105 （0.0879）	0.0980 （0.9250）
Dual		0.00850 （0.5381）	0.0238 * （1.7294）
Age		0.0753 *** （6.3741）	0.1359 *** （12.6222）
First		− 0.0003 （− 0.6615）	− 0.0002 （− 0.5078）
TobinQ		0.0388 *** （4.7170）	− 0.0348 *** （− 4.6732）
Roa		− 0.4940 *** （− 3.2014）	0.3355 ** （2.4152）

续表

变量	（1） Syn	（2） Syn	（3） Syn
Dturn		− 0. 1526 *** （ − 9. 9558）	− 0. 2482 *** （ − 17. 6820）
Ret		− 0. 2604 *** （ − 14. 8982）	− 0. 3955 *** （ − 21. 4843）
Soe		0. 2169 *** （ 13. 2095）	0. 1693 *** （ 11. 3509）
Big4		− 0. 1516 *** （ − 5. 0401）	− 0. 0971 *** （ − 3. 4540）
Media		− 0. 0001 ** （ − 2. 1971）	− 0. 0004 *** （ − 9. 6536）
Analyst		0. 0011 （ 1. 3160）	0. 0044 *** （ 5. 5995）
Holder		− 0. 0027 *** （ − 7. 2820）	− 0. 0021 *** （ − 6. 2842）
cons	− 0. 4144 *** （ − 6. 0673）	− 3. 0831 *** （ − 5. 3491）	− 2. 4276 *** （ − 5. 7802）
Year	Yes	No	Yes
Industry	Yes	No	Yes
N	16632	16632	16632
Adj. R^2	0. 0001	0. 1052	0. 3236

注：① *** 、 ** 、 * 分别代表在 1% 、5% 、10% 水平上显著；②括号内的数值是 t 统计量。

4.1.6　稳健性检验

（1）更换股价同步性的衡量方法。为了避免股价同步性指标选取对研究结论产生影响，借鉴许等（2013）考虑 $r_{m,w-1,t}$ 和 $r_{I,w-1,t}$ 重新对股票 i 的周收益率回归，得到股价同步性（Syn1）。

$$r_{i,w,t} = \beta_0 + \beta_1 \times r_{m,w,t} + \beta_2 \times r_{m,w-1,t} + \beta_3 \times r_{I,w,t} + \beta_3 \times r_{I,w-1,t} + \varepsilon_{i,w,t}$$

$$(4.4)$$

$$Syn1_i = \ln\left(\frac{R_i^2}{1 - R_i^2}\right) \tag{4.5}$$

更换指标的结果如表 4.5 所示，结果表明，净正面语调（*Tone*1 和 *Tone*2）与股价同步性（*Syn*1）的系数显著为正，与前文结论一致。

表 4.5   更换股价同步性

变量	(1) *Syn*1	(2) *Syn*1
*Tone*1	4.6605 *** (5.8692)	
*Tone*2		0.6368 *** (5.7755)
Lev	−0.4890 *** (−10.5614)	−0.4883 *** (−10.5425)
Size	0.0744 *** (6.6037)	0.0742 *** (6.5894)
Cash	0.1443 (1.6086)	0.1438 (1.5965)
Growth	−0.0347 *** (−4.2909)	−0.0347 *** (−4.2864)
Msholder	−0.2135 *** (−3.7966)	−0.2135 *** (−3.7960)
Bmarket	0.1264 *** (11.8373)	0.1262 *** (11.8242)
Indboard	−0.1478 (−1.1904)	−0.1472 (−1.1929)
Dual	0.0179 (1.1298)	0.0181 (1.1392)
Age	0.1885 *** (14.8624)	0.1884 *** (14.8536)

续表

变量	(1) Syn1	(2) Syn1
First	0. 0001 (0. 1180)	0. 0001 (0. 1071)
TobinQ	− 0. 0794 *** (− 8. 6506)	− 0. 0795 *** (− 8. 6605)
Roa	0. 3553 ** (2. 2194)	0. 3588 ** (2. 2408)
Dturn	− 0. 3251 *** (− 19. 1844)	− 0. 3249 *** (− 19. 1777)
Ret	− 0. 5596 *** (− 25. 3682)	− 0. 5596 *** (− 25. 3698)
Soe	0. 1433 *** (8. 4375)	0. 1430 *** (8. 4161)
Big4	− 0. 0589 * (− 1. 8107)	− 0. 0605 * (− 1. 8562)
Media	− 0. 0005 *** (− 9. 8415)	− 0. 0005 *** (− 9. 8396)
Analyst	− 0. 0004 (− 0. 4231)	− 0. 0004 (− 0. 4261)
Holder	− 0. 0026 *** (− 6. 2913)	− 0. 0026 *** (− 6. 2915)
cons	− 2. 6318 *** (− 4. 7973)	− 2. 6279 *** (− 4. 7806)
Year	Yes	Yes
Industry	Yes	Yes
N	16632	16632
Adj. R^2	0. 4139	0. 4142

注：①*** 、** 、* 分别代表在1% 、5% 、10% 水平上显著；②括号内的数值是 t 统计量。

此外，参考了罗尔（1988）的做法，用下述模型的 R^2 衡量 Syn2，具体步骤如下：

$$r_{it} = \alpha + \beta \times r_{mt} + \varepsilon \qquad (4.6)$$

$$Syn2 = \ln\left(\frac{R^2}{1 - R^2}\right) \qquad (4.7)$$

结果表 4.6 表明，年报净正面语调（$Tone1$、$Tone2$）与 $Syn2$ 的系数显著为正，且具有较高的显著性，结论具有稳健性。

表 4.6 更换股价同步性的方法

变量	(1) Syn2	(2) Syn2
Tone1	4.4934 *** (7.2989)	
Tone2		0.6225 *** (7.2923)
Lev	−0.5354 *** (−15.2812)	−0.5345 *** (−15.2537)
Size	0.0724 *** (8.5141)	0.0722 *** (8.4960)
Cash	0.1005 (1.4791)	0.0996 (1.4674)
Growth	−0.0256 *** (−4.2625)	−0.0256 *** (−4.2590)
Msholder	−0.1484 *** (−3.4765)	−0.1486 *** (−3.4816)
Bmarket	0.1493 *** (17.6704)	0.1491 *** (17.6583)
Indboard	0.1114 (1.1773)	0.1107 (1.1710)
Dual	0.0152 (1.2523)	0.0154 (1.2636)
Age	0.1187 *** (12.6383)	0.1188 *** (12.6470)

续表

变量	(1) Syn2	(2) Syn2
First	- 0. 0002 (- 0. 5631)	- 0. 0002 (- 0. 5709)
TobinQ	- 0. 0328 *** (- 5. 1436)	- 0. 0329 *** (- 5. 1558)
Roa	0. 1921 (1. 5950)	0. 1945 (1. 6158)
Dturn	- 0. 1968 *** (- 16. 2032)	- 0. 1966 *** (- 16. 1957)
Ret	- 0. 3393 *** (- 21. 1136)	- 0. 3393 *** (- 21. 1178)
Soe	0. 1310 *** (9. 9145)	0. 1308 *** (9. 8951)
Big4	- 0. 0887 *** (- 3. 5404)	- 0. 0905 *** (- 3. 6066)
Media	- 0. 0003 *** (- 8. 5775)	- 0. 0003 *** (- 8. 5859)
Analyst	0. 0034 *** (4. 8385)	0. 0034 *** (4. 8262)
Holder	- 0. 0018 *** (- 6. 2736)	- 0. 0018 *** (- 6. 2761)
cons	- 1. 9634 *** (- 5. 8029)	- 1. 9606 *** (- 5. 7868)
Year	Yes	Yes
Industry	Yes	Yes
N	16632	16632
Adj. R^2	0. 3374	0. 3369

注：① *** 、 ** 、 * 分别代表在 1%、5%、10% 水平上显著；②括号内的数值是 t 统计量。

（2）固定效应检验。检验了年度—行业固定效应模型，回归结果如表 4. 7 所示，可以看出，年报净正面语调 Tone1 的系数为 3. 9527，Tone2

的系数为 0.5284，且均具有显著性，也就是说年报净语调越正面，股价同步性（Syn）越高，与前文结论一致。

表 4.7　　　　　　　　固定效应检验结果

变量	(1) Syn	(2) Syn
Tone1	3.9527 *** (3.3728)	
Tone2		0.5284 *** (3.2588)
Lev	− 0.4277 *** (− 5.6577)	− 0.4275 *** (− 5.6542)
Size	− 0.0274 (− 1.2126)	− 0.0273 (− 1.2070)
Cash	− 0.0475 (− 0.5504)	− 0.0482 (− 0.5589)
Growth	− 0.0253 *** (− 3.0409)	− 0.0253 *** (− 3.0430)
Msholder	− 0.0069 (− 0.0781)	− 0.0072 (− 0.0814)
Bmarket	0.1635 *** (10.1883)	0.1635 *** (10.1953)
Indboard	0.0788 (0.4208)	0.0776 (0.4145)
Dual	0.0002 (0.0073)	0.0002 (0.0082)
Age	0.4316 *** (10.9726)	0.4334 *** (11.0127)
First	0.0003 (0.2262)	0.0003 (0.2285)
TobinQ	− 0.0562 *** (− 5.2087)	− 0.0563 *** (− 5.2139)

续表

变量	(1) Syn	(2) Syn
Roa	0.3129 * (1.8465)	0.3154 * (1.8614)
Dturn	− 0.3350 *** (− 23.2120)	− 0.3351 *** (− 23.2191)
Ret	− 0.3406 *** (− 17.8861)	− 0.3406 *** (− 17.8847)
Soe	− 0.0018 (− 0.0333)	− 0.0021 (− 0.0384)
Big4	0.0080 (0.1065)	0.0078 (0.1044)
Media	− 0.0006 *** (− 7.2067)	− 0.0006 *** (− 7.2074)
Analyst	0.0056 *** (5.7712)	0.0056 *** (5.7680)
Holder	− 0.0033 *** (− 6.7168)	− 0.0033 *** (− 6.7198)
cons	− 0.6246 (− 1.2321)	− 0.6309 (− 1.2450)
Year	Yes	Yes
Industry	Yes	Yes
N	16632	16632
Adj. R^2	0.3324	0.3319

注：① ***、**、*分别代表在1%、5%、10%水平上显著；②括号内的数值是 t 统计量。

（3）剔除高管变更样本。剔除了非正常离任的高管变更样本，其中工作调动、退休、任期届满、健康原因属于正常变更。剔除后重新检验，表4.8显示，结果未发生变化，年报净正面语调（Tone1、Tone2）的系数为4.8622和0.6754，且在1%的水平上具有较高的显著性，说明管理层可能存在操纵语调的嫌疑，积极的语调并非反映了真实状况，投资者难以进行识别。本书结论再次得到了证明。

表4.8　　　　　　　　　　　剔除高管变更样本

变量	(1) Syn	(2) Syn
Tone1	4.8622 *** (6.5863)	
Tone2		0.6754 *** (6.5998)
Lev	-0.5857 *** (-13.7954)	-0.5846 *** (-13.7660)
Size	0.0928 *** (8.9959)	0.0926 *** (8.9811)
Cash	0.1491 * (1.8454)	0.1485 * (1.8381)
Growth	-0.0369 *** (-4.7661)	-0.0369 *** (-4.7644)
Msholder	-0.1151 ** (-2.3177)	-0.1155 ** (-2.3244)
Bmarket	0.1538 *** (15.2053)	0.1537 *** (15.1917)
Indboard	0.1210 (1.0727)	0.1207 (1.0677)
Dual	0.0212 (1.4512)	0.0214 (1.4633)
Age	0.1480 *** (12.8885)	0.1481 *** (12.8946)
First	-0.0003 (-0.6183)	-0.0003 (-0.6275)
TobinQ	-0.0326 *** (-4.1021)	-0.0326 *** (-4.1093)
Roa	0.2623 * (1.7683)	0.2643 * (1.7824)
Dturn	-0.2381 *** (-16.0652)	-0.2380 *** (-16.0563)

续表

变量	(1) Syn	(2) Syn
Ret	-0.3921*** (-19.7396)	-0.3922*** (-19.7436)
Soe	0.1619*** (10.1563)	0.1616*** (10.1400)
Big4	-0.0891*** (-2.9657)	-0.0911*** (-3.0276)
Media	-0.0004*** (-9.1279)	-0.0004*** (-9.1270)
Analyst	0.0039*** (4.6309)	0.0039*** (4.6168)
Holder	-0.0021*** (-6.1523)	-0.0021*** (-6.1536)
cons	-2.5871*** (-4.8111)	-2.5847*** (-4.7987)
Year	Yes	Yes
Industry	Yes	Yes
N	13762	13762
Adj. R^2	0.3220	0.3218

注：①***、**、*分别代表在1%、5%、10%水平上显著；②括号内的数值是 t 统计量。

（4）工具变量法。前述回归结果得出年报净正面语调提高了股价同步性。但管理层出于隐藏公司消息的目的，股价同步性高的公司，年报语调也可能越正面，所以结论可能存在因果倒置的问题。为此，采用 2SLS 缓解此内生性问题，使用同年度同行业其他公司年报净正面语调的均值（Tone1_ind、Tone2_ind）作为 Tone1、Tone2 的工具变量。回归结果见表4.9第（1）、（2）列，第一阶段回归显示，Tone1_ind 与 Tone1 具有高度相关性；第二阶段结果显示，Tone1 的系数显著为正。第（3）、（4）列，第一阶段回归显示，Tone2_ind 与 Tone2 具有高度相关性；第二阶段结果显示，Tone2 的系数显著为正。在缓解了存在的内生性问题后，结论不变。

表4.9   工具变量法

变量	(1) Tone1	(2) Syn	(3) Tone2	(4) Syn
Tone1_ind	0.7499 *** (12.9525)			
Tone1		40.3569 *** (5.1111)		
Tone2_ind			0.7393 *** (12.6426)	
Tone2				5.7680 *** (5.1149)
Lev	−0.0032 *** (−7.8592)	−0.4888 *** (−10.1575)	−0.0246 *** (−8.3377)	−0.4766 *** (−9.6299)
Size	−0.0001 (−1.1403)	0.0901 *** (9.3784)	−0.0005 (−0.7763)	0.0888 *** (9.2224)
Cash	−0.0045 *** (−5.6941)	0.2903 *** (3.3015)	−0.0311 *** (−5.4617)	0.2885 *** (3.2750)
Growth	0.0002 *** (3.4920)	−0.0463 *** (−6.4033)	0.0017 *** (3.4641)	−0.0465 *** (−6.3975)
Msholder	0.0040 *** (7.8352)	−0.2871 *** (−4.7261)	0.0289 *** (7.9336)	−0.2943 *** (−4.7723)
Bmarket	−0.0004 *** (−4.8025)	0.1782 *** (17.1977)	−0.0030 *** (−4.4990)	0.1776 *** (17.1601)
Indboard	0.0045 *** (4.1540)	−0.0703 (−0.6009)	0.0335 *** (4.2899)	−0.0818 (−0.6926)
Dual	0.0001 (0.7456)	0.0201 (1.3709)	0.0006 (0.5334)	0.0213 (1.4446)
Age	−0.0022 *** (−20.3760)	0.2140 *** (10.4147)	−0.0160 *** (−20.5847)	0.2176 *** (10.2843)
First	−0.0000 *** (−8.2702)	0.0011 ** (2.0482)	−0.0003 *** (−8.1240)	0.0011 ** (2.0704)

续表

变量	(1) Tone1	(2) Syn	(3) Tone2	(4) Syn
TobinQ	-0.0003 *** (-4.8016)	-0.0231 *** (-3.0038)	-0.0023 *** (-4.5577)	-0.0234 *** (-3.0372)
Roa	0.0144 *** (10.2922)	-0.1975 (-1.0653)	0.1001 *** (9.9111)	-0.1934 (-1.0440)
Dturn	0.0004 ** (2.5221)	-0.2607 *** (-17.2265)	0.0025 ** (2.3762)	-0.2602 *** (-17.1435)
Ret	0.0003 ** (2.0190)	-0.4074 *** (-22.9284)	0.0025 ** (2.0536)	-0.4080 *** (-22.8466)
Soe	-0.0016 *** (-10.8078)	0.2275 *** (11.2762)	-0.0115 *** (-10.4756)	0.2273 *** (11.2557)
Big4	0.0043 *** (16.2105)	-0.2493 *** (-5.7246)	0.0338 *** (17.7571)	-0.2714 *** (-5.7674)
Media	-0.0000 *** (-3.7497)	-0.0003 *** (-8.9048)	-0.0000 *** (-3.3310)	-0.0003 *** (-9.0596)
Analyst	0.0001 *** (11.0628)	0.0012 (1.0754)	0.0007 *** (11.3203)	0.0010 (0.8761)
Holder	0.0000 *** (2.9935)	-0.0025 *** (-7.1638)	0.0001 *** (3.0101)	-0.0025 *** (-7.1736)
cons	0.0096 *** (4.6415)	-2.9859 *** (-3.4429)	0.0642 *** (4.3012)	-2.9796 *** (-3.4131)
Year	Yes	Yes	Yes	Yes
Industry	Yes	Yes	Yes	Yes
N	16632	16632	16632	16632
Adj. R^2	0.2549	0.2296	0.2574	0.2231

注：① *** 、 ** 、 * 分别代表在1% 、5% 、10%水平上显著；②括号内的数值是 t 统计量。

（5）Heckman 两阶段检验。考虑到历史业绩较好的企业年报语调更积极，本书的结论可能存在自选择问题。运用 Heckman 方法解决潜在的样本偏差。在第一阶段，借鉴 2SLS 时使用的同年度同行业其他公司年报净正面语调（*Tone1_ind*、*Tone2_ind*）作为工具变量放入回归中，根据回归的系数进一步得到 IMR 值；在第二阶段，把上一步得到的 IMR 代入基本回归模型。从表 4.10 看出，IMR 的系数具有较高的显著性，表明模型的确具有自选择问题；而年报净正面语调（*Tone1*、*Tone2*）的系数符合预期，且具有显著性，表明在考虑了样本自选择问题后，研究结论依然成立。

表 4.10　　　　　　　　Heckman 两阶段检验

变量	(1) *Syn*	(2) *Syn*
Tone1	4.6383 *** (6.6908)	
Tone2		0.6430 *** (6.7027)
Lev	− 3.3382 *** (− 5.0130)	− 0.9665 *** (− 10.0316)
Size	− 0.1562 *** (− 2.6057)	0.0532 *** (4.2064)
Cash	− 2.0247 *** (− 3.8244)	− 0.1501 (− 1.4739)
Growth	− 0.4833 *** (− 4.4578)	− 0.0985 *** (− 6.0900)
Msholder	− 1.2877 *** (− 4.5827)	− 0.3200 *** (− 5.0729)
Bmarket	1.4282 *** (4.6345)	0.3376 *** (7.7395)
Indboard	− 3.3731 *** (− 3.9678)	− 0.3830 ** (− 2.4442)
Dual	0.1508 *** (4.4770)	0.0427 *** (2.9583)
Age	0.0210 (0.7062)	0.1228 *** (10.9749)

续表

变量	(1) Syn	(2) Syn
First	0.0079 *** (3.9197)	0.0010 * (1.8918)
TobinQ	−0.1989 *** (−4.9106)	−0.0561 *** (−6.2329)
Roa	−6.1616 *** (−3.9012)	−0.5841 ** (−2.2762)
Dturn	0.0127 (0.1959)	−0.2109 *** (−12.7721)
Ret	−0.2097 *** (−4.2974)	−0.3685 *** (−18.8860)
Soe	−0.1215 * (−1.6811)	0.1246 *** (6.7791)
Big4	−0.6506 *** (−4.7024)	−0.1728 *** (−5.1153)
Media	0.0008 *** (2.7146)	−0.0002 *** (−4.3393)
Analyst	−0.0113 *** (−2.9000)	0.0023 ** (2.4195)
Holder	0.0042 *** (2.6519)	−0.0015 *** (−3.8874)
lambda	−1.7104 *** (−4.1264)	−3.2102 *** (−4.2458)
cons	1.3104 *** (4.1257)	243.6965 *** (4.2034)
Year	Yes	Yes
Industry	Yes	Yes
N	16632	16632
Adj. R^2	0.3242	0.3239

注：①***、**、*分别代表在1%、5%、10%水平上显著；②括号内的数值是 t 统计量。

4.2   年报语调与股票流动性

4.2.1   问题的提出

流动性作为保障金融市场平稳运行的关键因素，直接关系到资本市场资源配置效率能否有效发挥。股票流动性反映了市场以合理价格进行资产交易的能力，是指投资者以最小成本和最快速度完成股票交易的容易程度。如果某项资产流动性差，交易成本高，投资者需要流动性风险补偿流动性差资产的预期收益，也就是存在非流动性溢价。股票流动性的资产定价效应直接影响了企业的权益融资。一方面，提高股票流动性有助于增加企业权益融资规模。其一，较好的股票流动性不仅能够降低投资者的交易风险，增加投资者的购买意愿，企业可以从中获取到更多资金，而且能够通过价格发现功能及时准确地反映企业内在价值。其二，高股票流动性增加了投资者对公司价值预期的异质性，异质性信念下股票价格通常反映乐观型投资者的预期，即股票会以高于企业价值的价位售出（Miller，1977）。另一方面，提高股票流动性有助于降低权益资本成本。其一，对于承销商而言，高股票流动性降低了承销商的搜寻成本、交易成本和存货成本，增强了承销商的承销意愿，从而降低了企业权益发行成本（Butler et al.，2005）。其二，对于投资者而言，高股票流动性降低了投资者的交易成本和所承担的流动性风险，相应地，投资者会降低对股票的预期报酬率，企业通过支付更低的风险溢价进而降低权益资本成本。

阿米德等（1986）指出"流动性是市场的一切"。流动性是衡量市场的重要维度，如果市场流动性水平下降，股票资产与现金之间交易通道将变得极为狭窄，甚至可能发生流动性危机。阿米德和门德尔松在1986年首次把流动性与资产定价放在同一框架内。之后，众多学者均发现了二者的关系（Brennan and Subrahmanyam，1996；Datar et al.，1998）。在现有文献中，关于股票流动性的影响因素的文献已经很充分，在宏观方面，学者们从资本市场开放（徐寿福和陈百助，2021）、经济政策不确定性（董小红和刘向强，2020）和高铁开通（郭照蕊和黄俊，2021）等方面探究了股票流动性。徐寿福和陈百助（2021）认为，沪港通制度的实施通过交易渠道和信息渠道显著降低了上市公司的股票流动性。董小红和刘向强（2020）研究得出，经济政策不确定性的提高会导致股票流动性下降，分析师跟踪水平和机构投资者持股比例的提高会弱化这种关系。郭照蕊和黄俊（2021）发现，高铁开通改变地理距离的时空约束后，公司股票流动性显著提升。微观方面，学者们从数字化转型（吴非等，2021）、管理层信息披露（Schoenfeld，2017）、卖空机制（潘凌云和董竹，2021）以及控股股东股权质押（柯艳蓉等，2020）等视角分析了其影响因素。吴非等（2021）认为，数字化转型通过改善信息不对称、促进企业研发投入与创新产出绩效提升、提升企业价值和财务稳定性，有助于提升企业股票流动性水平。潘凌云和董竹（2021）研究发现，卖空交易主要通过改善企业信息透明度来对股票流动性产生提升效应。柯艳蓉等（2020）认为，出于代理问题和控制权转移风险的担忧，外部投资者普遍将控股股东股权质押视为一种负面信号，并据此调整交易行为，最终导致上市公司的股票流动性降低。但尚未有文献从年报文本信息披露这一视角展开分析。这些研究为理解股票流动性的动因提供了参考与借鉴。

年报作为一种将信息从公司内部传递给外部的方式，有助于减少市场上的信息障碍，不仅能够促进投资者合理决策，而且能够提高信息效率，是股票进行定价的重要依据。随着投资者对信息需求的不断增加，文本信息也成为公司信息披露的重要组成部分，越来越多的学者从语言特征如语调和可读性进行研究。正如古语所讲，"重要的不是说什么而是怎么说"。定性信息的披露方式（例如语调）会影响到投资者的感知和理解，年报文本信息扮演着越来越重要的角色。一方面，年报文本信息能够提供财务信息难以体现的公司信息，对财务信息进行补充或者替代，为投资者带来更多的增量信息，提高股票流动性。另一方面，我国被认为是高语境传播社会，语言表达往往言简意赅、点到为止，管理层具有较高的自由裁量权，当管理层有私利动机时，会通过操纵信息披露误导投资者，引导市场做出对其自身能力和公司价值有利的判断，加剧了内外部信息不对称，从而降低股票流动性。鉴于此，本书研究了年报语调对股票流动性的影响。

4.2.2 理论分析与研究假设

股票流动性是价格发现、信息流动、资源配置等资本市场功能的基础，在很大程度上会映射出企业的经营活力。弗斯特和莫斯科维茨（2003）认为，信息不对称对于投资者来说，是非常重要的因素，它会影响其行为。正因为如此，它会影响股票流动性。戈尔茨坦等（2006）认为，市场中的信息越充分，股票流动性越高。年报文本信息中的情感倾向可以向外界提供公司特质信息，缓解信息不对称，进一步提高股票流动性。资本市场的信息包括市场、行业和公司层面，如果股价中包含公司层面的特质信息越多，那么股价能够作为信号实现资源优化配置，进而提高定价效率（许静静，2016）。当年报中的正面信息较多时，预示企业未来具有巨大的发展潜力，是外部信息使用者估值的重要依据（许文瀚等，2020）。从信息挖掘的角度，管理层对外呈现的语调偏向正面时，投资者会选择深度挖掘，需要更详细的信息加以再次确认，从而促进更加详细的信息释放，降低内外部间的信息不对称，导致股票价格波动减少，交易量增加，流动性增加。信息公开披露程度越高，投资者越愿意以公平的价格进行交易，股票流动性越高。实证研究表明信息披露水平与市场上股票买卖差价呈负相关的关系（Leuz et al.，2000）。博瓦克尔等（2019）研究了年报可读性与股票流动性的关系，发现年报的可读性越高，买卖价差越小，股票流动性越好。从信息传递的角度来看，年报的语调信息可以补充公众信息量，减少信息不对称，从而增强股票流动性。从信息解读的角度，投资者对正面语调和负面语调的解读具有不对称性，积极的语调代表了未来乐观的业绩。因此，当投资者面对正面语调时，他们会更加容易地判断未来的经营状况，节省了他们搜寻信息的时间，并且会提高交易意愿，从而提高了公司股票的流动性。

年报文本信息都是文字性的叙述性信息，管理层进行披露时具有较大的主观性，掌握着公司运营过程中几乎所有的细节，能够自己决定是否披露以及披露到什么程度。对投资者而言，管理层的情感表达是公司价值的判断信号。作为一种软信息，文本语调的粉饰空间较大且真实程度难以辨别。现有文献发现，管理层在业绩低迷、股票期权行权之前或者未来有盈余重述、再融资、并购的时候，会采用较多正面语言披露文本信息。并且，近年来高管"口是心非"的行为频频上演。比如，乐视网前任 CEO 在夸奖乐视生态圈梦想的同时大规模高位套现；山东墨龙的实际控制人在业绩预告"报喜"后疯狂减持。这种表现出来的乐观语调一方面有损于投资者；另一方面从整体上也阻碍了市场上资源的配置效率。张程等（2021）发现管理层存在"靖言庸违"的现象，将年报语调（言）与内部人交易（行）作为传递公司未来价值的两个信号，发现管理层的言行不一，存在粉饰文本信息的现象。交易双方如果获取的信息存在差异，信息不对称程度较高，那么，会使得他们对企业价值的意见更加不一致，扩大了买卖价差。股价不断偏离均衡价格，会使得市场很难实现均衡。难以理解的信息会增加信息使用者的难度，加剧信息不对称，从而使信息匮乏的投资者不愿意与知情交易者进行交易，导致股票流动性降低。鉴于此，提出假设 4.3、假设 4.4：

假设 4.3：年报净正面语调提高了股票流动性；

假设 4.4：年报净正面语调降低了股票流动性。

4.2.3　研究设计

（1）样本选择与数据来源。以 2012～2019 年 A 股上市公司数据作为样本，探究了年报文本信息语调对股票流动性的影响。进行了以下筛选：

剔除金融保险类公司样本；剔除被 ST 或 *ST 的公司样本；剔除缺失值样本。最终获得 16389 条观测值。控制了年度、行业固定效应。

（2）变量定义。

①股票流动性。借鉴阿米胡德和门德尔森（1986）使用非流动性指标衡量企业股票流动性指标，其可以反映股票交易成本和价格冲击的叠加影响。流动性指标（ILLIQ）的衡量方法如下：

$$ILLIQ_{i,t} = \frac{1}{D_{i,t}} \sum_{d=1}^{D_{i,t}} \sqrt{\frac{|r_{i,t,d}|}{V_{i,t,d}}} \qquad (4.8)$$

其中，$|r_{i,t,d}|$ 表示企业 i 第 t 年第 d 个交易日考虑现金红利再投资的回报率；$V_{i,t,d}$ 表示交易日的成交金额；$D_{i,t}$ 表示企业 i 在 t 年的交易日天数。$|r_{i,t,d}|/V_{i,t,d}$ 表示收益率变化，合并求和取平均值后，就得到了非流动性指标。ILLIQ 的值越大，代表交易金额对股价的冲击越大，交易成本越高，股票流动性越低。为了在后续实证中易于解读，用非流动性指标的相反数计算：

$$Liquidity = -ILLIQ \qquad (4.9)$$

其中，Liquidity 数值越大，代表股票流动性越高。

②其他变量的衡量方法同上。

（3）构建实证模型。为了检验年报语调对股票流动性（Liquidity）的影响，建立模型式（4.10）：

$$Liquidity_{it} = \beta_0 + \beta_1 Tone1_{it}/Tone2_{it} + \beta_2 Controls_{it}$$
$$+ \lambda \sum Ind + \gamma \sum Year + \varepsilon_{i,t} \qquad (4.10)$$

4.2.4 描述性统计

表 4.11 为描述性统计结果，可以看出，股票流动性（Liquidity）的平均数为 -0.0529，中位数为 -0.0004，标准差为 0.0029，说明股票流动性

存在差异。年报净正面语调（*Tone*1）的平均数为 0.0008，中位数为 0.0009；年报净正面语调（*Tone*2）的平均数为 0.0062，中位数为 0.0063。其他变量的结果与现有研究无明显差异。

表 4.11　　　　　　　　　描述性统计

变量	样本数	平均值	标准差	最小值	中位数	最大值
Liquidity	16389	− 0.0529	0.0029	− 0.3542	− 0.0004	− 0.0027
*Tone*1	16389	0.0008	0.0091	− 0.0212	0.0009	0.0231
*Tone*2	16389	0.0062	0.0659	− 0.1467	0.0063	0.1703
Lev	16389	0.4167	0.2038	0.0511	0.4080	0.8667
Size	16389	22.1981	1.2921	19.9820	22.0110	26.1907
Cash	16389	0.0683	0.0974	− 0.1426	0.0546	0.4659
Growth	16389	0.3498	0.8992	− 0.5960	0.1255	6.3225
Msholder	16389	0.0849	0.1542	0.0000	0.0017	0.6361
Bmarket	16389	1.0264	1.0550	0.1036	0.6674	5.9665
Indboard	16389	0.3749	0.0535	0.3333	0.3333	0.5714
Dual	16389	0.2761	0.4471	0.0000	0.0000	1.0000
Age	16389	2.0535	0.8694	0.0000	2.1972	3.3673
First	16389	35.2497	14.8931	8.7700	33.4700	74.9800
TobinQ	16389	1.9645	1.1627	0.8756	1.5804	7.4598
Roa	16389	0.0424	0.0517	− 0.1688	0.0388	0.1929
Dturn	16389	− 0.1395	0.4958	− 2.1382	− 0.0509	0.9393
Ret	16389	0.0837	0.4888	− 0.5810	− 0.0270	2.0324
Soe	16389	0.3741	0.4839	0.0000	0.0000	1.0000
*Big*4	16389	0.0589	0.2355	0.0000	0.0000	1.0000
Media	16389	4.4466	1.1755	0.0000	4.5850	8.4098
Analyst	16389	1.3653	1.2027	0.0000	1.3863	4.3307

4.2.5　多元回归分析

年报净正面语调与股票流动性。采用模型式（4.10）实证检验了年报净正面语调（*Tone*1）与股票流动性（*Liquidity*）的关系，年报净正面语调（*Tone*1）通过年报正面词汇数与负面词汇数的差除以年报总词汇数，做了单变量检验以及加入控制变量后的检验，估计结果如表 4.12 所示。可以看出，企业年报净正面语调（*Tone*1）与 *Liquidity* 的回归系数为负，保持较高的显著性。说明年报净正面语调并不总是完全可信的好信号，可能是管理层为了机会主义行为在刻意误导投资者的有偏信号。假设 4.4 得到验证。

表 4.12 年报净正面语调（*Tone*1）和股票流动性

变量	(1) *Liquidity*	(2) *Liquidity*	(3) *Liquidity*
*Tone*1	−0.0219 *** （−11.9333）	−0.0045 *** （−6.0012）	−0.0037 *** （−4.9047）
Lev		−0.0029 （−0.6466）	−0.0035 （−0.0588）
Size		0.0004 *** （39.2336）	0.0003 *** （23.1094）
Cash		0.0006 *** （7.5697）	0.0001 （1.2634）
Growth		−0.0000 ** （−2.1082）	−0.0000 ** （−2.2380）
Msholder		0.0001 * （1.7254）	−0.0002 （−0.6637）
Bmarket		−0.0002 *** （−25.0976）	−0.0002 *** （−16.2401）
Indboard		0.0001 （0.7324）	0.0001 （0.3814）
Dual		0.0001 （0.4159）	0.0001 （1.0389）
Age		0.0001 *** （5.4809）	0.0001 *** （5.1560）
First		−0.0000 *** （−10.2981）	−0.0000 *** （−8.4615）

续表

变量	(1) Liquidity	(2) Liquidity	(3) Liquidity
TobinQ		0. 0001 *** (14. 0563)	0. 0001 *** (9. 7341)
Roa		-0. 0003 ** (-2. 0118)	0. 0001 (0. 5184)
Dturn		-0. 0001 *** (-3. 8629)	-0. 0001 *** (-3. 2338)
Ret		-0. 0003 *** (-8. 9263)	-0. 0005 *** (-7. 9683)
Soe		0. 0000 (0. 0781)	0. 0000 * (1. 7323)
Big4		-0. 0002 *** (-10. 8756)	-0. 0001 *** (-8. 9068)
Media		0. 0000 *** (3. 4231)	0. 0000 *** (5. 5343)
Analyst		-0. 0001 (-0. 7417)	0. 0001 *** (8. 0260)
cons	-0. 0009 *** (-6. 3793)	-0. 0090 *** (-5. 7000)	-0. 0078 *** (-5. 9467)
Year	Yes	Yes	Yes
Industry	Yes	Yes	Yes
N	16389	16389	16389
Adj. R^2	0. 0049	0. 1636	0. 1995

注：①***、**、*分别代表在1%、5%、10%水平上显著；②括号内的数值是 t 统计量。

表 4. 13 为年报净正面语调（Tone2）与 Liquidity 的回归结果。从回归结果可以看出，企业年报净正面语调（Tone2）与股票流动性（Liquidity）的回归系数为 -0. 0029、 -0. 0006 和 -0. 0005，且具有较高的显著性。更换年报净正面语调衡量方法后，假设 4. 4 再次得到验证。

表4.13 年报净正面语调（*Tone2*）与股票流动性

变量	(1) *Liquidity*	(2) *Liquidity*	(3) *Liquidity*
Tone2	-0.0029 *** (-11.8509)	-0.0006 *** (-6.2845)	-0.0005 *** (-5.1203)
Lev		-0.0023 (-0.6754)	-0.0042 (-0.0825)
Size		0.0004 *** (39.2459)	0.0003 *** (23.1224)
Cash		0.0006 *** (7.5637)	0.0001 (1.2647)
Growth		-0.0000 ** (-2.1094)	-0.0000 ** (-2.2366)
Msholder		0.0001 * (1.7330)	-0.0001 (-0.6546)
Bmarket		-0.0002 *** (-25.0841)	-0.0002 *** (-16.2382)
Indboard		0.0001 (0.7445)	0.0000 (0.3913)
Dual		0.0001 (0.4052)	0.0001 (1.0325)
Age		0.0001 *** (5.4494)	0.0001 *** (5.1408)
First		-0.0000 *** (-10.3022)	-0.0000 *** (-8.4644)
TobinQ		0.0001 *** (14.0593)	0.0001 *** (9.7405)
Roa		-0.0003 ** (-2.0083)	0.0001 (0.5165)
Dturn		-0.0001 *** (-3.8652)	-0.0001 *** (-3.2354)
Ret		-0.0003 *** (-8.9265)	-0.0005 *** (-7.9679)
Soe		0.0000 (0.0940)	0.0000 * (1.7319)

续表

变量	（1） *Liquidity*	（2） *Liquidity*	（3） *Liquidity*
*Big*4		- 0. 0002 *** (- 10. 6454)	- 0. 0001 *** (- 8. 7375)
Media		0. 0000 *** (3. 4496)	0. 0000 *** (5. 5449)
Analyst		- 0. 0000 (- 0. 6810)	0. 0001 *** (8. 0464)
cons	- 0. 0009 *** (- 6. 3486)	- 0. 0090 *** (- 5. 7179)	- 0. 0078 *** (- 5. 9568)
Year	Yes	Yes	Yes
Industry	Yes	Yes	Yes
N	16389	16389	16389
Adj. R²	0. 0046	0. 1637	0. 1995

注：① *** 、 ** 、 * 分别代表在 1% 、5% 、10% 水平上显著；②括号内的数值是 t 统计量。

4.2.6　稳健性检验

（1）固定效应检验。检验了年度—行业固定效应模型，回归结果如表 4. 14 所示，可以看出，年报净正面语调 *Tone*1 的系数为 - 0. 0046，*Tone*2 的系数为 - 0. 0006，且具有较高显著性，意味着年报净语调越正面，股票流动性越低，基本结论是稳健的。

表 4.14 　　　　　　　固定效应检验结果

变量	（1） *Liquidity*	（2） *Liquidity*
*Tone*1	- 0. 0046 *** (- 3. 5944)	
*Tone*2		- 0. 0006 *** (- 3. 5071)

续表

变量	(1) *Liquidity*	(2) *Liquidity*
Lev	-0.0001 (-1.2073)	-0.0001 (-1.2104)
Size	0.0003 *** (12.6217)	0.0003 *** (12.6262)
Cash	0.0001 (0.8223)	0.0001 (0.8303)
Growth	-0.0000 ** (-2.1354)	-0.0000 ** (-2.1335)
Msholder	-0.0005 (-0.1634)	-0.0004 (-0.1610)
Bmarket	-0.0002 *** (-11.3521)	-0.0002 *** (-11.3605)
Indboard	0.0002 (0.7601)	0.0002 (0.7659)
Dual	0.0001 (0.6242)	0.0002 (0.6234)
Age	0.0005 *** (6.6781)	0.0005 *** (6.6614)
First	-0.0000 *** (-3.0279)	-0.0000 *** (-3.0291)
TobinQ	0.0001 *** (6.6403)	0.0001 *** (6.6433)
Roa	0.0001 (0.8212)	0.0001 (0.8021)
Dturn	-0.0002 *** (-3.1496)	-0.0002 *** (-3.1479)
Ret	-0.0004 *** (-7.8296)	-0.0004 *** (-7.8296)
Soe	0.0020 (0.6465)	0.0025 (0.6552)

续表

变量	(1) Liquidity	(2) Liquidity
Big4	− 0. 0001 ** (− 2. 3684)	− 0. 0001 ** (− 2. 3632)
Media	0. 0000 *** (3. 1805)	0. 0000 *** (3. 1833)
Analyst	0. 0001 *** (6. 4339)	0. 0001 *** (6. 4309)
cons	− 0. 0091 *** (− 3. 2977)	− 0. 0091 *** (− 3. 3020)
Year	Yes	Yes
Industry	Yes	Yes
N	16389	16389
Adj. R^2	0. 1642	0. 1640

注：①*** 、** 、* 分别代表在1%、5%、10%水平上显著；②括号内的数值是 t 统计量。

（2）剔除高管变更样本。剔除非正常离任的高管变更样本后重新回归，结果如表4.15所示，年报净正面语调（Tone1、Tone2）的系数分别为 − 0.0043 和 − 0.0006，且具有显著性，本书结论再次得到了验证。

表 4. 15　　　　　　　　　　　　剔除高管变更样本

变量	(1) Liquidity	(2) Liquidity
Tone1	− 0. 0043 *** (− 5. 5017)	
Tone2		− 0. 0006 *** (− 5. 6620)
Lev	0. 0068 *** (3. 3051)	0. 0072 *** (4. 2799)
Size	0. 0003 *** (21. 2155)	0. 0003 *** (21. 2251)

变量	(1) *Liquidity*	(2) *Liquidity*
Cash	0.0001 (1.0895)	0.0001 (1.0912)
Growth	−0.0000 ** (−2.0826)	−0.0000 ** (−2.0815)
Msholder	−0.0001 (−1.1806)	−0.0001 (−1.1715)
Bmarket	−0.0002 *** (−15.0044)	−0.0002 *** (−14.9961)
Indboard	0.0001 (0.6046)	0.0001 (0.6119)
Dual	0.0001 (1.5701)	0.0001 (1.5611)
Age	0.0001 *** (4.4077)	0.0001 *** (4.3961)
First	−0.0000 *** (−7.8811)	−0.0000 *** (−7.8798)
TobinQ	0.0001 *** (9.8523)	0.0001 *** (9.8572)
Roa	−0.0012 (−0.2400)	−0.0017 (−0.2444)
Dturn	−0.0001 *** (−2.9963)	−0.0001 *** (−2.9987)
Ret	−0.0005 *** (−7.1017)	−0.0005 *** (−7.1015)
Soe	0.0000 * (1.7862)	0.0000 * (1.7897)
Big4	−0.0001 *** (−8.1109)	−0.0001 *** (−7.9619)
Media	0.0000 *** (5.4100)	0.0000 *** (5.4263)

续表

变量	(1) Liquidity	(2) Liquidity
Analyst	0. 0001 *** (7. 7552)	0. 0001 *** (7. 7711)
cons	− 0. 0079 *** (− 5. 0730)	− 0. 0079 *** (− 5. 0812)
Year	Yes	Yes
Industry	Yes	Yes
N	13683	13683
Adj. R^2	0. 2001	0. 1999

注：① *** 、** 、* 分别代表在1%、5%、10%水平上显著；②括号内的数值是 t 统计量。

（3）工具变量法。本书可能有内生性问题，为此，同上文一样采用选取 *Tone*1_*ind* 作为 *Tone*1 的工具变量，*Tone*2_*ind* 作为 *Tone*2 的工具变量。回归结果见表4.16第（1）、（2）列，第一阶段回归显示，*Tone*1_*ind* 与 *Tone*1 具有高度相关性；第二阶段中 *Tone*1 的系数显著为负。第（3）、（4）列，第一阶段回归显示，*Tone*2_*ind* 与 *Tone*2 具有高度相关性；第二阶段中 *Tone*2 的系数显著为负。结论与前面一致。

表 4.16 工具变量法

变量	(1) Tone1	(2) Syn	(3) Tone2	(4) Syn
Tone1_ind	0. 7954 *** (13. 1828)			
Tone1		− 0. 0329 *** (− 8. 5761)		
Tone2_ind			0. 7971 *** (12. 8579)	
Tone2				− 0. 0045 *** (− 8. 6784)
Lev	− 0. 0030 *** (− 7. 3090)	− 0. 0001 ** (− 2. 0416)	− 0. 0229 *** (− 7. 7838)	− 0. 0001 ** (− 2. 1439)

续表

变量	(1) Tone1	(2) Syn	(3) Tone2	(4) Syn
Size	-0.0002 * (-1.9326)	0.0003 *** (34.0979)	-0.0009 (-1.4690)	0.0003 *** (34.3757)
Cash	-0.0026 *** (-3.6901)	0.0004 *** (5.3913)	-0.0173 *** (-3.4655)	0.0005 *** (5.4732)
Growth	0.0002 *** (3.1670)	-0.0000 *** (-3.3197)	0.0015 *** (3.1269)	-0.0000 *** (-3.3551)
Msholder	0.0037 *** (7.6423)	0.0002 *** (3.0721)	0.0268 *** (7.7158)	0.0002 *** (3.0626)
Bmarket	-0.0004 *** (-4.8833)	-0.0002 *** (-20.2902)	-0.0029 *** (-4.5653)	-0.0002 *** (-20.2147)
Indboard	0.0044 *** (4.0313)	0.0002 (1.2933)	0.0325 *** (4.1803)	0.0002 (1.3179)
Dual	0.0001 (0.5808)	0.0000 (0.5472)	0.0004 (0.3820)	0.0000 (0.4871)
Age	-0.0022 *** (-20.1220)	0.0000 *** (2.6152)	-0.0157 *** (-20.3482)	0.0000 *** (2.6223)
First	-0.0000 *** (-7.7145)	-0.0000 *** (-11.3348)	-0.0002 *** (-7.5471)	-0.0000 *** (-11.2880)
TobinQ	-0.0003 *** (-4.8669)	0.0001 *** (14.7603)	-0.0022 *** (-4.5851)	0.0001 *** (14.8752)
Roa	0.0131 *** (9.4711)	0.0002 (0.9645)	0.0909 *** (9.1221)	0.0001 (0.8696)
Dturn	0.0004 *** (2.7978)	-0.0001 *** (-6.0738)	0.0027 *** (2.6479)	-0.0001 *** (-6.1475)
Ret	0.0005 *** (3.6159)	-0.0003 *** (-19.3880)	0.0038 *** (3.5930)	-0.0003 *** (-19.4597)
Soe	-0.0015 *** (-10.1926)	0.0000 (-1.2065)	-0.0107 *** (-9.8667)	0.0000 (-1.0650)
Big4	0.0042 *** (16.0429)	-0.0020 (-0.6568)	0.0332 *** (17.6461)	-0.0011 (-0.2996)

续表

变量	(1) Tone1	(2) Syn	(3) Tone2	(4) Syn
Media	-0.0001 (-0.9527)	0.0000 *** (4.2960)	-0.0003 (-0.6638)	0.0000 *** (4.4002)
Analyst	0.0008 *** (13.5107)	0.0000 *** (3.8369)	0.0060 *** (13.7245)	0.0000 *** (3.8891)
cons	0.0096 *** (5.2410)	-0.0080 *** (-5.3595)	0.0621 *** (4.7014)	-0.0080 *** (-5.7850)
Year	Yes	Yes	Yes	Yes
Industry	Yes	Yes	Yes	Yes
N	16389	16389	16389	16389
Adj. R^2	0.2560	0.1090	0.2585	0.1111

注：① *** 、 ** 、 * 分别代表在1%、5%、10%水平上显著；②括号内的数值是 t 统计量。

（4）Heckman 检验。运用 Heckman 方法解决潜在的样本偏差问题。在第一阶段，借鉴 2SLS 使用的同年度同行业其他公司年报净正面语调的均值（Tone1_ind、Tone2_ind）作为工具变量放入回归中；接下来，将 IMR 代入基本回归模型。表 4.17 结果显示，IMR 系数具有较高的显著性，表明模型的确具有自选择问题；而净正面语调（Tone1_ind、Tone2_ind）的系数符合预期，且具有显著性，表明在考虑了样本自选择问题后，研究结论依然成立。

表 4.17　　　　　　　　　　**Heckman 检验结果**

变量	(1) Liquidity	(2) Liquidity
Tone1	-0.0038 *** (-5.0396)	
Tone2		-0.0005 *** (-5.2366)
Lev	-0.0028 *** (-6.5317)	-0.0004 *** (-5.0077)

变量	(1) Liquidity	(2) Liquidity
Size	0. 0001 (1. 4754)	0. 0003 *** (18. 2679)
Cash	−0. 0019 *** (−5. 8486)	−0. 0001 (−1. 3855)
Growth	−0. 0005 *** (−6. 5193)	−0. 0001 *** (−4. 9756)
Msholder	−0. 0015 *** (−6. 5314)	−0. 0002 *** (−3. 4506)
Bmarket	0. 0011 *** (5. 6690)	0. 0000 (0. 1288)
Indboard	−0. 0034 *** (−6. 1377)	−0. 0004 *** (−2. 8578)
Dual	0. 0002 *** (5. 6184)	0. 0000 ** (2. 2387)
Age	0. 0000 (0. 7728)	0. 0001 *** (4. 6497)
First	0. 0000 *** (3. 9543)	−0. 0000 *** (−4. 7193)
TobinQ	0. 0000 (−0. 8872)	0. 0001 *** (7. 8099)
Roa	−0. 0078 *** (−6. 5700)	−0. 0010 *** (−4. 8261)
Dturn	0. 0001 ** (2. 1263)	−0. 0001 ** (−2. 2237)
Ret	−0. 0003 *** (−4. 2317)	−0. 0005 *** (−7. 4906)
Soe	−0. 0002 *** (−5. 7608)	−0. 0001 (−0. 6097)
Big4	−0. 0006 *** (−8. 2062)	−0. 0002 *** (−11. 1219)

续表

变量	(1) Liquidity	(2) Liquidity
Media	0. 0001 *** (8. 1587)	0. 0000 *** (7. 1513)
Analyst	0. 0001 *** (9. 7932)	0. 0001 *** (9. 0240)
lambda	− 17. 0869 *** (− 6. 5612)	− 0. 3156 *** (− 6. 5130)
cons	13. 5386 *** (6. 5577)	0. 2322 *** (6. 2911)
Year	Yes	Yes
Industry	Yes	Yes
N	16389	16389
Adj. R^2	0. 2000	0. 2000

注：① *** 、 ** 、 * 分别代表在 1% 、5% 、10% 水平上显著；②括号内的数值是 t 统计量。

4.3　年报语调与股价崩盘风险

4.3.1　问题的提出

最近几年暴发的新冠疫情，给宏观经济运行和微观企业经营带来了巨大影响。资本市场作为经济活动的"晴雨表"之一，股价可以看出经济发展的趋势，其剧烈波动会给实体经济带来负面的影响，甚至会引起衰退。在这样的大背景下，探究股价崩盘的影响因素不仅具有一定的理论意义，而且对于现实具有指导意义。

信息是资本市场持续健康发展的关键因素，为了优化资源的配置效率，公司个体应当严格把关信息的质量。公司对外披露的信息主要有两种形式：（1）硬信息一般指的是报表信息；（2）软信息一般指的是以叙述为主的文本信息。中国监管机构近十几年来一直致力于增加文本信息的披露，希望能够为市场上的参与者提供更多的增量信息。例如 2002 年在《信息披露内容与格式准则第 3 号——半年度报告》中强调，不能只重复财务报表已经呈现的内容，而是应该对外公布一些特质信息；2005 年在《半年度报告》准则的基础上，对年报文本信息的要求进一步地细化。可见，年报文本信息在资本市场越来越重要。目前学术界的很多文献已经检验出文本信息对于投资者的重要性，进而也说明了其会影响资本市场（Huang et al.，2014；林乐和谢德仁，2016）。然而，文本信息并非一直是真实的，我国被认为是高语境传播社会，语言表达往往言简意赅、点到为止，企业高管回答的内容也可能是误导性的有偏信息（Hutton et al.，2003）。因此，接下来的研究以信息经济学为基础，分析年报语调与股价崩盘风险二者的关系。

4.3.2 理论分析与研究假设

股价崩盘风险形成的原因：一是代理问题。管理层为了自己的薪酬、晋升、声誉等方面考虑，会减少披露公司的负面消息，当达到一定程度时，收益已经无法弥补成本，不断累积的负面消息会集中爆发，给股价带来巨大冲击，引发股价崩盘（Jin and Myers，2006）。二是信息不对称。信息不对称为管理层的机会主义行为提供了条件，随着不对称程度的加剧，负面消息不断累积，股价崩盘的可能性加大。

年报是公司向外界上交的一份年度"答卷"，同时也是投资者进行价值判断的主要来源，有利于投资者进行投资决策。年报文本信息中的内容以及表达的情感倾向是投资者的重要决策依据。投资者可以了解公司未来发展战略、经营计划、面临的风险以及应对的措施，有助于外部投资者清晰全面地了解公司未来的发展状况，合理预估公司未来业绩，有助于信息环境的改善。已有文献证实了正面语调对市场具有正面的影响，其有利于短期回报率的提升（Feldman et al.，2010；Durnev and Mangen，2010；Demers and Vega，2011；Loughran and Mcdonald，2011；Davis et al.，2012）。波托桑（1997）发现年报语调越正面，越能够引起投资者的注意，加大了市场对股票的需求，股价上涨。股价崩盘的重要起因是重大负面信息引致的投资者"羊群效应"，这会给资本市场带来负面效应（许年行等，2013）。然而，企业重大经营问题的出现是一个长期累积的过程，在此过程中，企业通过年报不断释放正向的经营信息，将有利于提高投资者对企业经营的理性预期和价值判断，降低"羊群效应"。尤其是当投资者对公司的关注度较低时，正面的语调信息可以帮助投资者更好地理解企业行为，降低了信息不对称（甘丽凝等，2019），进而降低企业股价崩盘风险的可能性（曹廷求和张光利，2021）。

然而，年报文本信息属于自愿性披露的范畴，可能存在选择性和策略性披露等现象（王雄元，2005）。由于管理层具有信息优势，了解更多关于公司财务状况、发展前景的信息，管理层有动机操纵年报文本信息，以掩饰盈余管理等机会主义行为（Huang et al.，2014）。如果企业高管"报喜不报忧"，这将恶化内外部间的信息不对称，因而会被不真实的信息蒙蔽双眼，从而导致个体的股价被抬高，其中含有大量"泡沫"。而且，年报文本信息披露内容主要是"软信息"，这些信息真假难辨，且企业对这些"软信息"的法律责任不清晰。管理层往往在发布信息时强调好消息，使用混淆模糊的语言分散坏消息，尤其是当公司陷入财务困境时，管理层会增加信息的理解难度，降低外部投资者对财务信息操纵的怀疑，防止对股价造成不良影响。此外，当企业面临再融资、股票交易时，管理层会在语调上有所调整，使用正面语调创造有利于企业发展的氛围（Brockman et al.，2013），而投资者并不是完全理性的，容易受到这些有偏信息误导，且在我国资本市场上，散户投资者占据了半壁江山，公司的信息操纵行为很难被发现，隐藏的负面消息一旦超过上限，便会由于"纸包不住火"而造成股价崩盘。基于此，提出假设 4.5、假设 4.6：

假设 4.5：年报净正面语调降低了企业的股价崩盘风险。

假设 4.6：年报净正面语调提高了企业的股价崩盘风险。

4.3.3   研究设计

（1）样本选择与数据来源。选取 2012 ~ 2019 年 A 股上市公司数据，探究了年报文本语调对股价崩盘风险的影响。进行了以下筛选：剔除金融保险类公司样本；剔除被 ST 或 *ST 的公司样本；剔除缺失值样本。最终获得 16586 条观测值。控制年度、行业固定效应。

（2）变量定义。

①股价崩盘风险。借鉴凯姆等（2011a，2011b）使用如下方法度量股价崩盘风险：

第一步，计算股票 i 每年的周收益数据，计算方法如下：

$$R_{i,t} = \beta_0 + \beta_1 \times R_{m,t-2} + \beta_2 \times R_{m,t-1} + \beta_3 \times R_{m,t}$$
$$+ \beta_4 \times R_{m,t+1} + \beta_5 \times R_{m,t+2} + \varepsilon_{i,t} \tag{4.11}$$

其中，$R_{i,t}$ 为第 t 周的收益率，$R_{m,t}$ 为第 t 周市场收益率，且加入了市场收益的滞后项和超前项。第 t 周的特有收益 $W_{it} = \ln(1 + \varepsilon_{it})$，$\varepsilon_{it}$ 为回归方差式（4.11）的残差。

第二步，依据 W_{it} 创建如下两个变量：

负收益偏态系数（NCSKEW）：

$$NCSKEW_{it} = -\left[n(n-1)^{3/2} \sum W_{it}^3\right] / \left[(n-1)(n-2)\left(\sum W_{it}^2\right)^{3/2}\right]$$
$$\tag{4.12}$$

其中，n 表示股票 i 每年的交易周数。NCSKEW 越大，代表崩盘风险越大。

②其他变量定义同上。

（3）构建实证模型。为了检验年报语调对股价崩盘风险（NCSKEW）的影响，建立模型式（4.13）：

$$NCSKEW_{it} = \beta_0 + \beta_1 Tone1_{it}/Tone2_{it} + \beta_2 Controls_{it}$$
$$+ \lambda \sum Ind + \gamma \sum Year + \varepsilon_{i,t} \tag{4.13}$$

4.3.4　描述性统计

从表4.18可以看出，*NCSKEW*的平均数为-0.3051，中位数为-0.2749，标准差为1.0357，意味着个体间的股价崩盘风险存在差异。年报净正面语调（*Tone*1）的平均数为0.0003，中位数为0.0004；年报净正面语调（*Tone*2）的平均数为0.0024，中位数为0.0031。其他变量的统计结果与现有研究无明显差异。

表4.18　　　　　　　　　　　　描述性统计结果

变量	样本数	平均值	标准差	最小值	中位数	最大值
NCSKEW	16586	-0.3051	1.0357	-3.2481	-0.2749	2.2422
*Tone*1	16586	0.0003	0.0089	-0.0212	0.0004	0.0231
*Tone*2	16586	0.0024	0.0641	-0.1467	0.0031	0.1703
Lev	16586	0.4162	0.2022	0.0511	0.4065	0.8667
Size	16586	22.2226	1.2935	19.9820	22.0374	26.1907
Cash	16586	0.0718	0.0984	-0.1426	0.0569	0.4659
Growth	16586	0.3523	0.8936	-0.5960	0.1299	6.3225
Msholder	16586	0.0868	0.1551	0.0000	0.0023	0.6361
Bmarket	16586	1.0189	1.0604	0.1036	0.6579	5.9665
Indboard	16586	0.3755	0.0536	0.3333	0.3571	0.5714
Dual	16586	0.2799	0.4490	0.0000	0.0000	1.0000
Age	16586	2.0718	0.8605	0.0000	2.1972	3.3673
First	16586	35.0606	14.8350	8.7700	33.2600	74.9800
TobinQ	16586	1.9917	1.1854	0.8756	1.6048	7.4598
Roa	16586	0.0417	0.0520	-0.1688	0.0380	0.1929
Dturn	16586	-0.1160	0.4891	-2.1382	-0.0336	0.9393
Ret	16586	0.1182	0.4916	-0.5810	0.0107	2.0324
Soe	16586	0.3645	0.4813	0.0000	0.0000	1.0000
*Big*4	16586	0.0584	0.2345	0.0000	0.0000	1.0000
Media	16586	4.4323	1.1872	0.0000	4.5747	8.4098
Analyst	16586	1.3156	1.2015	0.0000	1.0986	4.3307

4.3.5　多元回归分析

采用模型式（4.13）实证检验了年报净正面语调（*Tone*1）与股价崩盘风险（*NCSKEW*）的关系，年报净正面语调（*Tone*1）通过年报正面词汇数与负面词汇数的差除以年报总词汇数，做了单变量检验以及加入控制变量后的检验，估计结果如表4.19所示。企业年报净正面语调（*Tone*1）与 *NCSKEW* 的回归系数为正，保持较高的显著性。说明年报净正面语调可能会使投资者产生过度反应，造成股票价格大于内在价值，当内在信息集中释放时形成股价崩盘。假设4.6得到验证。

表4.19　　　　　年报净正面语调（*Tone*1）与股价崩盘风险

变量	(1) *NCSKEW*	(2) *NCSKEW*	(3) *NCSKEW*
*Tone*1	3.1276 *** (3.5014)	3.9831 *** (4.4397)	2.2599 *** (2.6100)
Lev		−0.1037 ** (−2.0774)	−0.1108 ** (−2.2625)
Size		−0.0463 *** (−4.6313)	−0.0320 *** (−2.9285)
Cash		−0.1024 (−1.2237)	0.0704 (0.7523)
Growth		0.0017 (0.2005)	0.0136 (1.6016)
Msholder		0.0762 (1.2981)	0.1201 ** (2.1097)
Bmarket		0.0321 *** (2.8710)	0.0538 *** (4.6330)
Indboard		−0.0537 (−0.3910)	0.0314 (0.2409)

续表

变量	（1） NCSKEW	（2） NCSKEW	（3） NCSKEW
Dual		− 0. 0368 ** （ − 2. 0687）	− 0. 0255 （ − 1. 5143）
Age		− 0. 0794 *** （ − 5. 9130）	− 0. 0585 *** （ − 4. 3470）
First		0. 0007 （1. 3944）	− 0. 0004 （ − 0. 8033）
TobinQ		0. 0489 *** （6. 4209）	0. 0526 *** （6. 6386）
Roa		− 0. 6682 *** （ − 3. 8061）	− 0. 0208 （ − 0. 1200）
Dturn		0. 0301 * （1. 6724）	− 0. 1215 *** （ − 6. 6137）
Ret		− 0. 7505 *** （ − 41. 1328）	− 1. 1358 *** （ − 53. 2196）
Soe		− 0. 0279 （ − 1. 5022）	− 0. 0779 *** （ − 4. 2508）
Big4		− 0. 0480 （ − 1. 4349）	− 0. 0242 （ − 0. 7493）
Media		0. 0414 *** （5. 9345）	− 0. 00690 （ − 0. 9619）
Analyst		0. 0426 *** （6. 0264）	0. 0475 *** （5. 9498）
cons	− 0. 1953 *** （ − 2. 7541）	0. 7227 *** （3. 4820）	1. 4292 *** （6. 0640）
Year	Yes	No	Yes
Industry	Yes	No	Yes
N	16586	16586	16586
Adj. R^2	0. 0207	0. 1280	0. 2158

注：① *** 、** 、* 分别代表在1% 、5% 、10% 水平上显著；②括号内的数值是 t 统计量。

表4.20 显示，企业年报净正面语调（*Tone*2）与股价崩盘风险（*NCSKEW*）的回归系数为 0.4325、0.5525 和 0.3173，且具有较高的显著性。因此正面的年报净语调加剧股价崩盘。更换年报净正面语调的衡量方法后，假设 4.6 再次得到验证。

表 4.20　年报净正面语调（*Tone*2）和股价崩盘风险

变量	(1) NCSKEW	(2) NCSKEW	(3) NCSKEW
Tone2	0.4325 *** (3.4825)	0.5525 *** (4.4383)	0.3173 *** (2.6374)
Lev		-0.1030 ** (-2.0638)	-0.1104 ** (-2.2539)
Size		-0.0464 *** (-4.6416)	-0.0321 *** (-2.9368)
Cash		-0.1021 (-1.2285)	0.0702 (0.7495)
Growth		0.00170 (0.2046)	0.0136 (1.6012)
Msholder		0.0762 (1.2974)	0.1199 ** (2.1061)
Bmarket		0.0320 *** (2.8612)	0.0538 *** (4.6305)
Indboard		-0.0542 (-0.3945)	0.0310 (0.2376)
Dual		-0.0367 ** (-2.0606)	-0.0255 (-1.5097)
Age		-0.0794 *** (-5.9070)	-0.0584 *** (-4.3406)
First		0.0007 (1.3873)	-0.0004 (-0.8049)
TobinQ		0.0489 *** (6.4153)	0.0525 *** (6.6338)

续表

变量	(1) NCSKEW	(2) NCSKEW	(3) NCSKEW
Roa		- 0. 6664 *** (- 3. 7966)	- 0. 0201 (- 0. 1161)
Dturn		0. 0301 * (1. 6741)	- 0. 1214 *** (- 6. 6132)
Ret		- 0. 7505 *** (- 41. 1339)	- 1. 1358 *** (- 53. 2218)
Soe		- 0. 0283 (- 1. 5199)	- 0. 0780 *** (- 4. 2554)
Big4		- 0. 0495 (- 1. 4770)	- 0. 0252 (- 0. 7775)
Media		0. 0413 *** (5. 9257)	- 0. 0070 (- 0. 9663)
Analyst		0. 0425 *** (6. 0115)	0. 0474 *** (5. 9436)
cons	- 0. 1954 *** (- 2. 7564)	0. 7253 *** (3. 4948)	1. 4314 *** (6. 0744)
Year	Yes	No	Yes
Industry	Yes	No	Yes
N	16586	16586	16586
Adj. R^2	0. 0207	0. 1280	0. 2158

注：①*** 、** 、* 分别代表在1%、5%、10%水平上显著；②括号内的数值是 t 统计量。

4.3.6　稳健性检验

（1）更换股价崩盘风险的衡量方法。收益上下波动比率（DUVOL）：

$$DUVOL_{it} = log\left\{ \left[(n_u - 1) \sum_{DOWN} W_{it}^2 \right] \middle/ \left[(n_d - 1) \sum_{UP} W_{it}^2 \right] \right\} \qquad (4.14)$$

其中，n_u（n_d）为 W_{it} 大于（小于）年平均收益 W_i 的周数。DUVOL 越大，代表股价崩盘风险越大。

由表 4.21 可以看出，更换股价崩盘风险的衡量方法后，年报净正面语调（Tone1、Tone2）的系数依然符合预期，研究结论保持不变。

表 4.21　　　　　　　　　　更换股价崩盘风险

变量	（1） DUVOL	（2） DUVOL
Tone1	1.2713 ** (2.0202)	
Tone2		0.1786 ** (2.0446)
Lev	− 0.1423 *** (− 3.9491)	− 0.1421 *** (− 3.9422)
Size	− 0.0433 *** (− 5.3551)	− 0.0433 *** (− 5.3613)
Cash	0.0142 (0.2122)	0.0141 (0.2101)
Growth	0.0107 * (1.7203)	0.0107 * (1.7200)
Msholder	0.0650 (1.5804)	0.0649 (1.5774)
Bmarket	0.0719 *** (8.4780)	0.0719 *** (8.4765)
Indboard	− 0.0037 (− 0.0388)	− 0.0040 (− 0.0414)
Dual	− 0.0159 (− 1.2864)	− 0.0159 (− 1.2828)
Age	− 0.0474 *** (− 4.8641)	− 0.0474 *** (− 4.8593)
First	0.0001 (− 0.1113)	0.0001 (− 0.1124)

续表

变量	(1) *DUVOL*	(2) *DUVOL*
TobinQ	0.0311 *** (5.1944)	0.0311 *** (5.1909)
Roa	−0.0752 (−0.5957)	−0.0749 (−0.5929)
Dturn	−0.0885 *** (−6.6689)	−0.0885 *** (−6.6686)
Ret	−1.0622 *** (−62.6957)	−1.0622 *** (−62.6982)
Soe	−0.0521 *** (−3.9251)	−0.0521 *** (−3.9287)
*Big*4	−0.0130 (−0.5536)	−0.0135 (−0.5757)
Media	−0.0068 (−1.3027)	−0.0069 (−1.3061)
Analyst	0.0249 *** (4.2317)	0.0248 *** (4.2275)
cons	1.6888 *** (4.6846)	1.6901 *** (4.6926)
Year	Yes	Yes
Industry	Yes	Yes
N	16586	16586
Adj. R^2	0.3060	0.3058

注：① ***、**、* 分别代表在1%、5%、10%水平上显著；②括号内的数值是 *t* 统计量。

（2）固定效应检验结果。在前文的基础上进一步检验了企业年报净正面语调与 *NSCKEW* 的固定效应，回归结果如表 4.22 所示，可以看出，*Tone*1 的系数为 7.3012，*Tone*2 的系数为 0.9996，且均在 1% 的水平上显著，与上述结果一致。

表4.22   固定效应检验结果

变量	(1) NCSKEW	(2) NCSKEW
Tone1	7.3012*** (4.5153)	
Tone2		0.9996*** (4.4532)
Lev	−0.1751* (−1.8058)	−0.1739* (−1.7935)
Size	0.0653*** (2.6164)	0.0652*** (2.6120)
Cash	−0.0668 (−0.6621)	−0.0682 (−0.6765)
Growth	0.00870 (0.7995)	0.00860 (0.7976)
Msholder	−0.1051 (−0.8907)	−0.1053 (−0.8965)
Bmarket	0.0286* (1.6487)	0.0286* (1.6498)
Indboard	0.1423 (0.5620)	0.1405 (0.5532)
Dual	−0.0289 (−1.0129)	−0.0289 (−1.0120)
Age	−0.4837*** (−11.5852)	−0.4827*** (−11.5478)
First	0.00220 (1.4581)	0.00220 (1.4618)
TobinQ	0.1643*** (14.0306)	0.1643*** (14.0299)
Roa	−1.2611*** (−5.6808)	−1.2604*** (−5.6753)
Dturn	0.0617*** (3.0233)	0.0617*** (3.0233)
Ret	−0.8788*** (−39.1451)	−0.8786*** (−39.1430)

续表

变量	(1) NCSKEW	(2) NCSKEW
Soe	0.00300 (0.0396)	0.00280 (0.0364)
Big4	-0.0959 (-1.0886)	-0.0964 (-1.0942)
Media	0.0433 *** (4.1336)	0.0434 *** (4.1462)
Analyst	-0.0412 *** (-4.3404)	-0.0412 *** (-4.3390)
cons	-0.9321 (-1.6034)	-0.9375 (-1.6113)
Year	Yes	Yes
Industry	Yes	Yes
N	16586	16586
Adj. R^2	0.1442	0.1441

注：① *** 、** 、* 分别代表在 1%、5%、10% 水平上显著；②括号内的数值是 t 统计量。

（3）剔除高管变更样本。剔除非正常离任的高管变更样本后重新估计，结果如表 4.23 所示，年报净正面语调（Tone1、Tone2）的系数符合研究基本结论，本书结论再次得到了证明。

表 4.23　　　　　　　　　　剔除高管变更样本

变量	(1) NCSKEW	(2) NCSKEW
Tone1	1.5560 * (1.6790)	
Tone2		0.2189 * (1.6980)
Lev	-0.0982 * (-1.8681)	-0.0978 * (-1.8615)
Size	-0.0207 * (-1.7806)	-0.0208 * (-1.7855)

续表

变量	(1) NCSKEW	(2) NCSKEW
Cash	0.0317 (0.3202)	0.0316 (0.3192)
Growth	0.0148 (1.5723)	0.0148 (1.5718)
Msholder	0.1370 ** (2.3132)	0.1368 ** (2.3102)
Bmarket	0.0446 *** (3.5527)	0.0445 *** (3.5509)
Indboard	-0.00510 (-0.0365)	-0.00540 (-0.0381)
Dual	-0.0148 (-0.8296)	-0.0147 (-0.8261)
Age	-0.0563 *** (-3.9065)	-0.0563 *** (-3.9026)
First	-0.000500 (-0.9373)	-0.000500 (-0.9392)
TobinQ	0.0522 *** (6.0696)	0.0521 *** (6.0672)
Roa	0.118 (0.6226)	0.118 (0.6244)
Dturn	-0.1252 *** (-6.4986)	-0.1252 *** (-6.4978)
Ret	-1.1385 *** (-49.3214)	-1.1385 *** (-49.3225)
Soe	-0.0680 *** (-3.4320)	-0.0681 *** (-3.4350)
Big4	-0.0262 (-0.7316)	-0.0269 (-0.7489)
Media	-0.00430 (-0.5398)	-0.00430 (-0.5434)

续表

变量	(1) NCSKEW	(2) NCSKEW
Analyst	0. 0402 *** (4. 6726)	0. 0402 *** (4. 6673)
cons	−0. 0731 (−0. 2871)	−0. 0716 (−0. 2816)
Year	Yes	Yes
Industry	Yes	Yes
N	13483	13483
Adj. R^2	0. 2170	0. 2168

注：① *** 、** 、* 分别代表在 1% 、5% 、10% 水平上显著；②括号内的数值是 t 统计量。

（4）工具变量法。本部分同样可能存在因果倒置的问题。为此，采
用 2SLS 缓解这一问题，选取同年度同行业其他公司年报净正面语调的均
值（Tone1_ind、Tone2_ind）作为 Tone1、Tone2 的工具变量。回归结果见
表 4. 24 第（1）、（2）列，第一阶段回归显示，Tone1_ind 与 Tone1 具有高
度相关性；第二阶段结果显示，Tone1 的系数为正。第（3）、（4）列，第
一阶段回归显示，Tone2_ind 与 Tone2 具有高度相关性；第二阶段结果显
示，Tone2 的系数为正。在缓解了可能存在的内生性问题后，年报净正面
语调与股价崩盘风险正相关的研究结论与前面一致。

表 4. 24　　　　　　　　　　工具变量法

变量	(1) Tone1	(2) NCSKEW	(3) Tone2	(4) NCSKEW
Tone1_ind	0. 7381 *** (18. 9297)			
Tone1		80. 3627 *** (10. 6313)		
Tone2_ind			0. 7400 *** (19. 2268)	
Tone2				11. 0803 *** (10. 7287)

续表

变量	（1）Tone1	（2）NCSKEW	（3）Tone2	（4）NCSKEW
Lev	−0.0027 *** （−6.2756）	0.0677 （1.0631）	−0.0203 *** （−6.6252）	0.0780 （1.2225）
Size	−0.0001 （−1.2426）	0.0042 （0.3255）	−0.0006 （−0.8724）	0.0026 （0.2007）
Cash	−0.0029 *** （−4.0169）	0.3716 *** （3.3420）	−0.0200 *** （−3.8431）	0.3625 *** （3.2834）
Growth	0.0002 *** （3.0660）	−0.0157 （−1.5341）	0.0015 *** （3.0544）	−0.0154 （−1.5107）
Msholder	0.0037 *** （7.3904）	−0.1250 * （−1.7027）	0.0266 *** （7.4721）	−0.1245 * （−1.7019）
Bmarket	−0.0005 *** （−5.4039）	0.0676 *** （5.0277）	−0.0034 *** （−5.1196）	0.0646 *** （4.8404）
Indboard	0.0046 *** （4.0666）	−0.3721 ** （−2.2721）	0.0338 *** （4.1991）	−0.3800 ** （−2.3250）
Dual	0.0000 （−0.1366）	−0.0359 * （−1.6989）	−0.0004 （−0.3655）	−0.0331 （−1.5737）
Age	−0.0021 *** （−18.5439）	0.0675 *** （3.0514）	−0.0148 *** （−18.6357）	0.0668 *** （3.0462）
First	−0.0000 *** （−6.9460）	0.0023 *** （3.5787）	−0.0002 *** （−6.7854）	0.0022 *** （3.4616）
TobinQ	−0.0003 *** （−4.5189）	0.0893 *** （8.8341）	−0.0020 *** （−4.2644）	0.0883 *** （8.7944）
Roa	0.0134 *** （9.4097）	−1.7437 *** （−7.5860）	0.0938 *** （9.1456）	−1.7068 *** （−7.5065）
Dturn	0.0005 *** （3.7041）	−0.0171 （−0.8062）	0.0038 *** （3.6372）	−0.0160 （−0.7539）
Ret	0.0006 *** （3.6121）	−0.8410 *** （−36.2713）	0.0039 *** （3.5752）	−0.8408 *** （−36.4066）
Soe	−0.0016 *** （−10.1584）	0.0731 *** （2.9911）	−0.0112 *** （−9.8664）	0.0678 *** （2.8061）

续表

变量	(1) *Tone*1	(2) *NCSKEW*	(3) *Tone*2	(4) *NCSKEW*
*Big*4	0. 0043 *** (15. 7106)	– 0. 3833 *** (– 7. 3841)	0. 0335 *** (17. 0759)	– 0. 4104 *** (– 7. 6970)
Media	– 0. 0001 (– 1. 1044)	0. 0283 *** (3. 4856)	– 0. 0004 (– 0. 8597)	0. 0270 *** (3. 3219)
Analyst	0. 0008 *** (12. 8265)	– 0. 0472 *** (– 3. 8135)	0. 0059 *** (12. 9962)	– 0. 0480 *** (– 3. 8880)
cons	0. 0082 *** (4. 2856)	– 0. 7930 *** (– 2. 6612)	0. 0527 *** (3. 8287)	– 0. 7410 ** (– 2. 5167)
Year	Yes	Yes	Yes	Yes
Industry	Yes	Yes	Yes	Yes
N	16586	16586	16586	16586
Adj. R^2	0. 2316	0. 2875	0. 2322	0. 2980

注：①***、**、* 分别代表在1%、5%、10%水平上显著；②括号内的数值是 *t* 统计量。

（5）Heckman 两阶段检验。运用 Heckman 解决潜在的样本偏差问题。第一步，借鉴 2SLS 使用的同年度同行业其他公司年报净正面语调均值（*Tone*1_*ind*、*Tone*2_*ind*）作为工具变量放入回归中；第二步，将 IMR 代入基本回归模型中重新进行检验。如表 4. 25 所示，IMR 的系数保持较高显著性，表明模型的确具有自选择问题；而年报净正面语调（*Tone*1、*Tone*2）的系数符合预期，且具有显著性，表明在考虑了样本自选择问题后，研究结论依然成立。

表 4. 25　　　　　　　　　　　　Heckman 两阶段检验

变量	(1) *NCSKEW*	(2) *NCSKEW*
*Tone*1	2. 4135 *** (2. 7860)	
*Tone*2		0. 3368 *** (2. 7988)

续表

变量	(1) NCSKEW	(2) NCSKEW
Lev	5.0026 *** (3.3827)	0.5626 *** (2.7330)
Size	0.4159 *** (3.2037)	0.0305 (1.4185)
Cash	0.5718 *** (3.3599)	0.1303 (1.3764)
Growth	0.7855 *** (3.5165)	0.1165 *** (3.6638)
Msholder	2.5978 *** (3.6197)	0.4758 *** (3.9812)
Bmarket	-2.1104 *** (-3.3710)	-0.2400 *** (-2.7113)
Indboard	5.1476 *** (3.4637)	0.7221 *** (2.9492)
Dual	-0.1594 *** (-3.7724)	-0.0452 ** (-2.5306)
Age	0.1431 ** (2.3785)	-0.0346 ** (-2.2526)
First	-0.0213 *** (-3.5143)	-0.0032 *** (-3.2935)
TobinQ	0.3327 *** (4.1002)	0.0905 *** (6.6513)
Roa	14.5796 *** (3.4500)	1.9335 *** (3.1781)
Dturn	-0.6891 *** (-4.1690)	-0.1959 *** (-6.7731)
Ret	-1.9308 *** (-8.3735)	-1.2389 *** (-33.3357)
Soe	0.3777 *** (2.8467)	-0.0120 (-0.4486)

续表

变量	(1) NCSKEW	(2) NCSKEW
Big4	0.9820 *** (3.3571)	0.1113 ** (2.1495)
Media	− 0.0595 *** (− 3.5529)	− 0.0137 * (− 1.8368)
Analyst	− 0.1538 *** (− 2.6148)	0.0197 * (1.7075)
lambda	8.0413 *** (3.4584)	5.6667 *** (3.3571)
cons	− 2.3104 *** (− 3.4585)	− 4.1102 *** (− 3.3455)
Year	Yes	Yes
Industry	Yes	Yes
N	16586	16586
Adj. R^2	0.2164	0.2163

注：① *** 、** 、* 分别代表在 1%、5%、10% 水平上显著；② 括号内的数值是 t 统计量。

4.4　本章小结

本章利用 2012～2019 年 A 股数据，讨论了年报净语调对资本市场定价效率的作用效果，主要包括三方面：年报语调对股价同步性的影响、年报语调对股票流动性的影响以及年报语调对股价崩盘风险的影响。（1）年报语调对股价同步性的影响。实证表明，二者呈正相关关系，年报净正面语调含有较少的公司特质信息，损害了资本市场定价效率。在更换变量、提出高管变更样本、工具变量法和 Heckman 检验后，上述结论依然稳健。（2）年报语调对股票流动性的影响。实证结果表明，年报净正面语调降低了股票流动性，降低了资本市场定价效率。稳健性检验后，结论仍然成立。(3)年报语调对股价崩盘风险的影响。估计表明，二者呈正相关的关系，年报语调会误导投资者，导致股价有偏于企业的真实内在价值，加剧股价崩盘风险，降低了资本市场定价效率。稳健性检验后，结论仍然成立。说明年报的净正面语调可能是管理层策略性披露的结果，误导了投资者，股价并不能反映企业的真实状况。

第5章

年报语调影响资本市场定价效率的
机制检验

5.1 问题的提出

    前面基于信息不对称理论以及有效市场理论，从股价同步性、股票流动性以及股价崩盘风险三个角度分析了年报语调对资本市场定价效率的影响，发现年报语调可以降低资本市场定价效率。那么，年报语调信息是怎样的？是通过什么机制来影响资本市场定价效率的？资本市场的信息主要涉及市场、行业和公司三个层面，信息引导着股价的形成与变化，如果股价中涉及特质信息越多，那么股价能够作为信号实现资源的高效配置，提高资本市场定价效率（许静静，2016）。管理层作为信息优势方，对外披露年报文本信息，资本市场上的投资者根据这些信息作出交易决策。并且，年报语调也会引起投资者情绪的变化，进而映射到资本市场。上述描述可以得出，信息透明度和投资者情绪在年报语调和定价效率二者间扮演了重要角色。

    为此，分为以下三步考察年报语调对资本市场定价效率的影响：第一步，考察年报语调对定价效率的影响（股价同步性、股票流动性和股价崩盘风险）；第二步，将企业信息透明度和投资者情绪作为中介变量，验证年报语调对公司信息透明度、投资者情绪的作用；第三步，在上述基础上加入信息透明度、投资者情绪，验证其有没有传导作用。

5.2　理论分析与研究假设

企业充分有效的信息披露是市场资源高效配置的前提，也是降低内外部信息不对称、为市场参与者提供决策有用信息的一种方式。随着公司信息越来越丰富以及结构越来越复杂，外部投资者需求的信息往往涉及的方面是比较多的，除了一些报表上的信息还包括治理、技术、人力、资本等，以及管理层对于综合信息的分析和预测。综合所有的信息，投资者才能有效地预测公司未来的业绩。

"好消息分散披露，坏消息集中披露"（徐洪波，2014），公司在披露年报文本信息时会有一种组合动机的现象，也就是选择正负面信息披露的时间间隔。如果公司存在两个好消息，那么两个好消息依次披露所带来的正面效应大于一次性披露两个好消息的效应（Thaler，1983）。分散披露还是集中披露，会影响投资者的感知，从而影响其决策。

前文得出年报净正面语调会降低上市公司的资本市场定价效率。其根源主要在于年报净正面语调降低了上市公司的信息透明度，从而降低了资本市场的定价效率。管理层披露的年报文本信息主要是文字性信息，缺乏第三方认证。管理层出于职位晋升以及期权行权等原因，会倾向于对外披露利好消息，而且，公司与投资者本身存在的信息不对称为管理层创造了条件。管理层在语调上"动手脚"的动机表现为三大类：资本市场动机、契约动机和监管动机。从资本市场动机的视角，为了推进股票 IPO 和增发的顺利实施以及股票期权的执行，管理层会对外传递正面的信息，以营造良好的市场氛围。从契约的视角，高管的薪酬与企业的市场价值紧密相关，所以从自身报酬契约的角度，管理层会操纵信息，降低盈余下滑而有损于自身报酬的风险。基于监管的角度，管理层为了避免亏损和被 ST，不仅会对年报中的财务报表信息进行粉饰，也会在文本中渲染正面信息来降低对财务信息进行操纵的嫌疑。当企业向上进行盈余管理时，管理层会增加年报文本信息中的正面信息，以保证盈余信息和文本信息表面上的"一致性"。因此，年报净正面语调会降低信息透明度。

前文的表述说明了年报净正面语调会降低信息透明度。而信息透明度的降低会使投资者很难有效获得公司的真实信息，也不能清晰地识别和区分各类信息，这就会导致股价被高估，其并非企业真实信息而是略有偏颇，损害了资本市场定价效率。由上面信息可以推测出，年报净正面语调通过降低公司信息透明度降低资本市场定价效率。基于此，提出假设 5.1：

假设 5.1：年报净正面语调通过降低企业信息透明度降低资本市场定价效率。

行为金融理论认为投资者心理和行为会对股价产生一定影响（程晨和刘珂，2021）。中国股票市场的波动性大概率来源于这些投资者的情绪波动情况。这一情绪主要从信念和偏好来说，从信念来看，主要指投资者对未来进行预期时所发生的偏差情况；从偏好来看，主要指投资者心理上的个人偏好所产生的不同心理预期（郝芳静等，2020）。德朗等（1990）第一次将这种情绪引入股价模型，发现非理性做法造成的错误定价难以被市场消除，投资者情绪将成为资本市场系统性风险的一个重要影响要素。洪等（2003）提出投资者的情绪会通过某些渠道释放到资本市场上，其越高涨，公司未来短期收益率越低（何诚颖等，2021）。

当外界输送一个信息时，人们对其解读需要两个系统，一个是认知方面的系统；另一个是情感方面的系统（Zhao et al.，2011）。认知系统负责对信息进行加工处理；情感系统负责对信息进行情绪反应（黄宏斌等，2019）。一方面，按照皮罗里（2007）的认知理论，外部投资者做出决定之前，会对年报中的各个方面实施充分的感知、加工，判断语调信息所表达的真正含义，反复进行信息获取、解读，利用新增的信息修正前期的认知偏差和情绪偏差，调整交易策略。但是，经过管理层语调管理后的信息会使得有限理性的投资者陷入判断的困境，投资者在投资决策时更容易被"修正过"的信息误导。另一方面，管理层语调会使投资者情绪发生变化，左右投资者对公司市场价值的判断（张磊，2017）。依据管理层信号传递假说，企业价值是投资者对公司整体预期和反应能力的一个函数（Trueman，1986）。因此，管理层可能会利用投资者这种心理有预谋地进行语调管理，诱导有限理性投资者的投资情绪，导致投资者作出错误判断，股价出现错误定价，里边会裹挟更多非理性信息，降低了定价效率。因此，提出假设5.2：

假设5.2：年报净正面语调通过影响投资者情绪降低资本市场定价效率。

5.3 研究设计

（1）数据来源。利用中介效应模型考察年报语调与定价效率的关系。使用的数据来自国泰安数据库。对数据进行了以下筛选：删除金融类行业；删除数据缺失的企业。

（2）变量定义。

①信息透明度。按照赫顿等（2009）的方法，运用修正的琼斯模型计算的操纵性应计利润的绝对值来衡量盈余操纵水平（DA）。盈余操纵水平越大，代表公司越有可能向投资者传递好消息，隐藏坏消息，从而增加信息的不透明度。DA 越大，意味着信息透明度越低。

$$\frac{TA_{i,t}}{T_{i,t-1}} = \beta_1 \frac{1}{T_{i,t-1}} + \beta_2 \frac{\Delta S_{i,t}}{T_{i,t-1}} + \beta_3 \frac{PPE_{i,t}}{T_{i,t-1}} + \varepsilon_{i,t} \tag{5.1}$$

上式中，$TA_{i,t}$ 应计总利润，$T_{i,t-1}$ 上一期总资产，$\Delta S_{i,t}$ 营业收入增加额，$PPE_{i,t}$ 固定资产投资。$\varepsilon_{i,t}$ 为操纵性应计利润。对其取绝对值，值越大，代表越不透明。

②投资者情绪。借鉴贝克和沃勒（2004）和花贵如等（2010）采用分

解 *TobinQ* 的方法衡量公司层面的投资者情绪。将 *TobinQ* 分解为 *Roe*、*Growth*、*Lev*、*Size* 进行回归，以该回归得到的残差（$\varepsilon_{i,t}$）作为投资者情绪（Sentiment）的代理变量。模型如下：

$$TobinQ_{i,t} = \beta_0 + \beta_1 Roe_{i,t} + \beta_2 Growth_{i,t} + \beta_3 Lev_{i,t} + \beta_4 Size_{i,t}$$
$$+ \lambda \sum Ind + \gamma \sum Year + \varepsilon_{i,t} \tag{5.2}$$

（3）中介模型的建立。假设 5.1 和假设 5.2 认为信息透明度和投资者情绪是年报语调影响资本市场定价效率的中介变量，因此，借鉴温忠麟和叶宝娟（2014）的做法，利用中介模型证明年报语调对股价同步性、股票流动性和股价崩盘风险的影响。主要分为三个步骤：第一步是检验年报语调对资本市场定价效率（股价同步性、股票流动性和股价崩盘风险）的影响，这在第 4 章已经验证出来了。第二步，检验年报语调对信息透明度、投资者情绪的影响，以验证信息透明度和投资者情绪是否具有中间传导作用。第三步，在上述第一步中加入透明度、情绪，探究年报语调有没有利用这两者影响定价效率。

信息透明度的中介模型：

$$DA_{i,t} = \beta_0 + \beta_1 Tone_{i,t} + \beta_2 Controls_{i,t} + \lambda \sum Ind + \gamma \sum Year + \varepsilon_{i,t}$$
$$\tag{5.3}$$

$$Syn_{i,t} / Liquidity_{i,t} / NCSKEW_{i,t} = \beta_0 + \beta_1 Tone1_{i,t} / Tone2_{i,t} + \beta_2 DA_{i,t}$$
$$+ \beta_3 Controls_{i,t} + \lambda \sum Ind$$
$$+ \gamma \sum Year + \varepsilon_{i,t} \tag{5.4}$$

投资者情绪的中介模型：

$$Sentiment_{i,t} = \beta_0 + \beta_1 Tone_{i,t} + \beta_2 Controls_{i,t} + \lambda \sum Ind + \gamma \sum Year + \varepsilon_{i,t}$$
$$\tag{5.5}$$

$$Syn_{i,t} / Liquidity_{i,t} / NCSKEW_{i,t} = \beta_0 + \beta_1 Tone1_{i,t} / Tone2_{i,t} + \beta_2 Sentiment_{i,t}$$
$$+ \beta_3 Controls_{i,t} + \lambda \sum Ind + \gamma \sum Year + \varepsilon_{i,t}$$
$$\tag{5.6}$$

5.4　公司信息透明度的中介效应检验

5.4.1　年报语调、信息透明度和股价同步性

表 5.1 为股价同步性的结果。第（1）列显示年报净正面语调（$Tone1$）的系数显著为正，说明年报净正面语调提高了应计操纵利润水平，降低了信息透明度；第（2）列显示，年报净正面语调（$Tone1$）为正，且 DA 为正，均显著，说明年报净正面语调降低了信息透明度，加剧了股价同步性。

表 5.1　　　　　年报语调、信息透明度和股价同步性

变量	(1) DA	(2) Syn	(3) DA	(4) Syn
$Tone1$	0.1813 * (1.7796)	4.5032 *** (5.6438)		
$Tone2$			0.0244 * (1.7772)	0.6236 *** (5.6335)
DA		0.1836 *** (2.6621)		0.1838 *** (2.6626)
Lev	0.0371 *** (6.9512)	−0.5986 *** (−12.7376)	0.0371 *** (6.9506)	−0.5982 *** (−12.7290)
$Size$	−0.0060 *** (−5.1853)	0.0487 *** (4.5987)	−0.0060 *** (−5.1913)	0.0485 *** (4.5765)
$Cash$	−0.0132 (−1.0015)	0.1328 (1.4999)	−0.0133 (−1.0077)	0.1301 (1.4852)
$Growth$	0.0008 (0.7623)	−0.0374 *** (−4.9542)	0.0008 (0.7636)	−0.0374 *** (−4.9519)

续表

变量	(1) DA	(2) Syn	(3) DA	(4) Syn
Msholder	-0.0097 (-1.6382)	0.0227 (0.3190)	-0.0097 (-1.6340)	0.0227 (0.3187)
Bmarket	0.0097 *** (7.0856)	0.1633 *** (16.3454)	0.0097 *** (7.0762)	0.1633 *** (16.3409)
Indboard	0.0456 *** (3.1364)	0.2138 * (1.7287)	0.0456 *** (3.1372)	0.2137 * (1.7272)
Dual	0.0028 (1.4017)	0.0227 (1.3532)	0.0028 (1.4062)	0.0229 (1.3636)
Age	0.0008 (0.4203)	0.0460 *** (2.7638)	0.0008 (0.4106)	0.0460 *** (2.7627)
First	0.0001 (0.9609)	-0.0015 *** (-3.0951)	0.0001 (0.9561)	-0.0015 *** (-3.0996)
TobinQ	-0.0016 ** (-2.0243)	-0.0571 *** (-6.9899)	-0.0016 ** (-2.0356)	-0.0572 *** (-7.0106)
Roa	0.0941 *** (8.2988)	0.5696 *** (3.6463)	0.0943 *** (8.3322)	0.5724 *** (3.6640)
Dturn	-0.0049 * (-1.6646)	-0.4800 *** (-17.7634)	-0.0049 * (-1.6657)	-0.4800 *** (-17.7615)
Ret	0.0072 *** (2.9606)	-0.3587 *** (-16.1090)	0.0072 *** (2.9633)	-0.3587 *** (-16.1075)
Soe	0.0105 *** (5.0292)	0.1935 *** (11.9369)	0.0104 *** (5.0274)	0.1933 *** (11.9217)
Big4	-0.0089 *** (-3.5936)	-0.1142 *** (-3.8047)	-0.0089 *** (-3.6184)	-0.1160 *** (-3.8574)
Media	-0.0006 (-0.7989)	-0.0496 *** (-7.8125)	-0.0006 (-0.8020)	-0.0496 *** (-7.8217)
Analyst	-0.0026 *** (-3.6273)	0.0330 *** (4.2112)	-0.0026 *** (-3.6206)	0.0330 *** (4.2124)

续表

变量	(1) DA	(2) Syn	(3) DA	(4) Syn
cons	0.1102 *** (4.9924)	− 1.2762 *** (− 5.6977)	0.1105 *** (5.0061)	− 1.2706 *** (− 5.6731)
Year	Yes	Yes	Yes	Yes
Industry	Yes	Yes	Yes	Yes
N	16632	16632	16632	16632
Adj. R^2	0.0744	0.3279	0.0743	0.3281

注：① *** 、 ** 、 * 分别代表在1%、5%、10%水平上显著；②括号内的数值是 t 统计量。

第（3）列显示年报净正面语调（Tone2）与 DA 的系数显著为正；第（4）列显示，Tone2 显著为正，且 DA 显著为正，说明年报净正面语调加剧了盈余管理，恶化了信息透明度，导致股价同步性上升。因此，信息透明度发挥了部分中介作用。

5.4.2　年报语调、信息透明度和股票流动性

表 5.2 为股票流动性的结果。第（1）列显示年报净正面语调（Tone1）的系数显著为正，说明年报语调是管理层进行盈余管理的手段，恶化了信息透明度；第（2）列显示，年报净正面语调（Tone1）的系数为负，且保持较高的显著性，且 DA 系数显著为负，意味着年报语调通过降低透明度，降低股票流动性。

表 5.2　　　　　　　　年报语调、信息透明度和股票流动性

变量	(1) DA	(2) Liquidity	(3) DA	(4) Liquidity
Tone1	0.1705 * (1.6696)	− 0.0039 *** (− 6.2099)		
Tone2			0.0229 * (1.6630)	− 0.0006 *** (− 6.2781)

续表

变量	（1） DA	（2） Liquidity	（3） DA	（4） Liquidity
DA		-0.0001 *** （-3.3749）		-0.0001 *** （-3.3770）
Lev	0.0379 *** （7.0731）	-0.0002 *** （-3.5558）	0.0379 *** （7.0722）	-0.0002 *** （-3.5652）
Size	-0.0059 *** （-5.1296）	0.0003 *** （37.4645）	-0.0059 *** （-5.1351）	0.0003 *** （37.4687）
Cash	-0.0135 （-1.0228）	-0.0001 （-1.2487）	-0.0136 （-1.0287）	-0.0001 （-1.2377）
Growth	0.0008 （0.7895）	-0.0000 *** （-2.7190）	0.0008 （0.7907）	-0.0000 *** （-2.7191）
Msholder	-0.0097 （-1.6300）	0.0002 （0.6590）	-0.0097 （-1.6258）	0.0001 （0.6648）
Bmarket	0.0095 *** （6.9228）	-0.0001 *** （-20.4231）	0.0095 *** （6.9140）	-0.0001 *** （-20.4340）
Indboard	0.0453 *** （3.1147）	-0.0001 （-0.9410）	0.0453 *** （3.1155）	-0.0001 （-0.9376）
Dual	0.0028 （1.3898）	0.0013 （1.1094）	0.0028 （1.3942）	0.0017 （1.0973）
Age	0.00080 （0.3859）	0.0000 *** （3.3287）	0.0007 （0.3760）	0.0000 *** （3.3138）
First	0.0001 （0.9607）	-0.0000 *** （-9.3061）	0.0001 （0.9561）	-0.0000 *** （-9.3098）
TobinQ	-0.0015 * （-1.8904）	0.0001 *** （8.3452）	-0.0015 * （-1.9011）	0.0001 *** （8.3581）
Roa	0.0941 *** （8.2303）	0.0003 ** （2.1437）	0.0943 *** （8.2623）	0.0003 ** （2.1268）
Dturn	-0.0043 （-1.4494）	0.0001 *** （4.8557）	-0.0043 （-1.4504）	0.0001 *** （4.8528）

续表

变量	(1) DA	(2) Liquidity	(3) DA	(4) Liquidity
Ret	0.0074 *** (3.0448)	− 0.0003 *** (− 10.2358)	0.0074 *** (3.0474)	− 0.0003 *** (− 10.2369)
Soe	0.0102 *** (4.8898)	0.0000 *** (2.9133)	0.0102 *** (4.8881)	0.0000 *** (2.9237)
Big4	− 0.0088 *** (− 3.5596)	− 0.0001 *** (− 8.5276)	− 0.0089 *** (− 3.5827)	− 0.0001 *** (− 8.3511)
Media	− 0.0005 (− 0.6960)	0.0000 *** (2.9863)	− 0.0005 (− 0.6989)	0.0000 *** (2.9987)
Analyst	− 0.0027 *** (− 3.6564)	0.0000 *** (7.8886)	− 0.0027 *** (− 3.6497)	0.0000 *** (7.8892)
cons	0.1088 *** (4.9185)	− 0.0062 *** (− 4.5139)	0.1090 *** (4.9318)	− 0.0062 *** (− 4.4967)
Year	Yes	Yes	Yes	Yes
Industry	Yes	Yes	Yes	Yes
N	16389	16389	16389	16389
Adj. R^2	0.0739	0.2424	0.0739	0.2425

注：① *** 、 ** 、 * 分别代表在1%、5%、10%水平上显著；②括号内的数值是 t 统计量。

第（3）列显示年报净正面语调（Tone2）与 DA 的回归系数为 0.0229 且显著为正；第（4）列显示，Tone2 显著为负，且 DA 显著为负，说明年报语调降低了透明度，增加了内外部之间的信息不对称，导致流动性降低。因此，信息透明度发挥了部分中介作用。

5.4.3 年报语调、信息透明度和股价崩盘风险

前面得出年报净正面语调与股价崩盘风险呈正向关系。接下来，对年报语调影响机制进行检验。

表 5.3 中第（1）列显示年报净正面语调（*Tone*1）与 *DA* 的回归系数显著为正，说明年报净正面语调加剧了盈余管理，恶化了信息透明度。第（2）列显示，年报净正面语调（*Tone*1）的系数显著为正，且 *DA* 系数显著为正，说明正面语调驱使了盈余管理，从而增加了股价暴跌的概率。

表 5.3　　　　　年报语调、信息透明度和股价崩盘风险

变量	（1） DA	（2） NCSKEW	（3） DA	（4） NCSKEW
*Tone*1	2. 2699 ** (2. 0552)	2. 7238 *** (2. 7780)		
*Tone*2			0. 3063 ** (2. 0479)	0. 3783 *** (2. 7761)
DA		0. 0864 *** (4. 6192)		0. 0864 *** (4. 6186)
Lev	0. 3759 *** (6. 5759)	− 0. 1033 * (− 1. 8193)	0. 3759 *** (6. 5757)	− 0. 1031 * (− 1. 8152)
Size	− 0. 0657 *** (− 5. 3188)	− 0. 0348 *** (− 2. 8376)	− 0. 0658 *** (− 5. 3244)	− 0. 0349 *** (− 2. 8482)
Cash	− 0. 0931 (− 0. 6613)	0. 0754 (0. 6931)	− 0. 0940 (− 0. 6681)	0. 0747 (0. 6868)
Growth	0. 0102 (0. 9412)	0. 0134 (1. 4592)	0. 0102 (0. 9427)	0. 0134 (1. 4598)
Msholder	− 0. 0898 (− 1. 4566)	0. 1150 (1. 3694)	− 0. 0895 (− 1. 4520)	0. 1149 (1. 3680)
Bmarket	0. 0993 *** (6. 8200)	0. 0358 *** (2. 9115)	0. 0992 *** (6. 8095)	0. 0358 *** (2. 9085)
Indboard	0. 4649 *** (3. 0017)	0. 0345 (0. 2312)	0. 4650 *** (3. 0021)	0. 0342 (0. 2294)
Dual	0. 0255 (1. 2199)	− 0. 0180 (− 0. 8895)	0. 0256 (1. 2255)	− 0. 0179 (− 0. 8834)
Age	− 0. 00250 (− 0. 1214)	− 0. 0805 *** (− 4. 0370)	− 0. 00280 (− 0. 1328)	− 0. 0805 *** (− 4. 0363)

变量	（1） DA	（2） NCSKEW	（3） DA	（4） NCSKEW
First	0.0005 (0.8667)	−0.0008 (−1.2988)	0.0005 (0.8616)	−0.0008 (−1.3008)
TobinQ	−0.0102 (−1.2135)	0.0536*** (6.0353)	−0.0103 (−1.2258)	0.0535*** (6.0257)
Roa	0.9246*** (7.6113)	−0.1430 (−0.7341)	0.9268*** (7.6451)	−0.1418 (−0.7264)
Dturn	−0.0774** (−2.4285)	−0.3576*** (−10.4258)	−0.0774** (−2.4299)	−0.3576*** (−10.4258)
Ret	−0.0408 (−1.6228)	−1.1665*** (−47.8826)	−0.0408 (−1.6214)	−1.1665*** (−47.8830)
Soe	0.0999*** (4.4004)	−0.0509** (−2.5505)	0.0997*** (4.3972)	−0.0510** (−2.5575)
Big4	−0.0914*** (−3.3763)	0.0069 (0.2032)	−0.0920*** (−3.4006)	0.0059 (0.1722)
Media	−0.0021 (−0.2632)	0.0060 (0.7628)	−0.0021 (−0.2679)	0.0060 (0.7575)
Analyst	−0.0206*** (−2.6635)	0.0630*** (6.8005)	−0.0206*** (−2.6551)	0.0631*** (6.8007)
cons	1.3014*** (5.1988)	0.6935** (2.5416)	1.3049*** (5.2109)	0.6972** (2.5552)
Year	Yes	Yes	Yes	Yes
Industry	Yes	Yes	Yes	Yes
N	16586	16586	16586	16586
Adj. R^2	0.0726	0.2256	0.0724	0.2260

注：①***、**、*分别代表在1%、5%、10%水平上显著；②括号内的数值是 t 统计量。

第（3）列显示年报净正面语调（Tone2）与 DA 的回归系数为 0.3063 且显著，说明年报净正面语调降低了信息透明度。从第（4）列可以看出，年报净正面语调（Tone2）的系数显著为 0.3783，且 DA 的系数显著为正，因此，信息透明度发挥了部分中介作用。

5.5　投资者情绪的中介效应检验

5.5.1　年报语调、投资者情绪和股价同步性

表 5.4 为投资者情绪的结果。第（1）列显示年报净正面语调（Tone1）与 Sentiment 的系数显著为 0.2055，说明年报净正面语调使得投资者的情绪高涨。第（2）列显示，年报净正面语调（Tone1）的系数显著为 3.3755，且具有显著性，而且投资者情绪（Sentiment）的系数显著为正。第（3）列显示年报净正面语调（Tone2）与 Sentiment 的回归系数显著为正。从第（4）列可见，Tone2 显著为正，且 Sentiment 显著为正，说明年报净正面语调使得情绪高涨，提高了股价同步性。因此，投资者情绪起到部分中介作用。

表 5.4　年报语调、投资者情绪和股价同步性

变量	（1） Sentiment	（2） Syn	（3） Sentiment	（4） Syn
Tone1	0.2055 ** (2.2982)	3.3775 *** (7.5985)		
Tone2			0.0285 ** (2.3021)	0.4656 *** (7.5577)
Sentiment		6.1241 *** (4.2452)		6.1241 *** (4.2438)
Lev	0.0260 *** (4.0387)	−0.7388 *** (−22.6426)	0.0260 *** (4.0443)	−0.7382 *** (−22.6203)
Size	0.3511 *** (293.8702)	−2.0850 *** (−69.1804)	0.3511 *** (293.9011)	−2.0852 *** (−69.1879)
Cash	0.0687 *** (6.6849)	−0.3086 *** (−6.1047)	0.0687 *** (6.6810)	−0.3093 *** (−6.1192)

续表

变量	（1）Sentiment	（2）Syn	（3）Sentiment	（4）Syn
Growth	-0.0142 *** (-14.8665)	0.0519 *** (10.5451)	-0.0142 *** (-14.8662)	0.0519 *** (10.5452)
Msholder	0.0052 (0.9517)	-0.0883 *** (-3.2585)	0.0052 (0.9499)	-0.0884 *** (-3.2615)
Bmarket	0.0225 *** (16.4343)	0.0272 *** (3.5949)	0.0225 *** (16.4334)	0.0271 *** (3.5832)
Indboard	0.0124 (0.9319)	0.0403 (0.6098)	0.0124 (0.9294)	0.0399 (0.6037)
Dual	-0.0003 (-0.1585)	0.0191 ** (2.2614)	-0.0003 (-0.1550)	0.0192 ** (2.2729)
Age	0.0079 *** (6.0568)	0.0805 *** (12.6647)	0.0079 *** (6.0575)	0.0805 *** (12.6600)
First	-0.0001 ** (-2.3125)	-0.0005 * (-1.8200)	-0.0001 ** (-2.3151)	-0.0005 * (-1.8308)
TobinQ	1.0097 *** (977.5327)	-6.2287 *** (-75.0000)	1.0097 *** (977.4956)	-6.2289 *** (-75.0008)
Roa	-3.2614 *** (-3.4502)	20.3405 *** (75.4486)	-3.2613 *** (-3.4712)	20.3427 *** (75.4600)
Dturn	-0.0234 *** (-14.2547)	-0.0980 *** (-12.2097)	-0.0234 *** (-14.2526)	-0.0979 *** (-12.1984)
Ret	-0.0527 *** (-22.2581)	-0.0705 *** (-5.5450)	-0.0527 *** (-22.2586)	-0.0705 *** (-5.5447)
Soe	0.0219 *** (11.7056)	0.0232 ** (2.5437)	0.0219 *** (11.6998)	0.0230 ** (2.5208)
Big4	-0.0137 *** (-3.9257)	-0.0413 ** (-2.3803)	-0.0138 *** (-3.9424)	-0.0426 ** (-2.4484)
Media	-0.0076 *** (-10.3258)	-0.0129 *** (-3.3497)	-0.0077 *** (-10.3311)	-0.0129 *** (-3.3656)
Analyst	0.0003 (0.3372)	0.0319 *** (8.0155)	0.0003 (0.3348)	0.0318 *** (8.0097)

续表

变量	(1) *Sentiment*	(2) *Syn*	(3) *Sentiment*	(4) *Syn*
cons	− 9. 3515 *** (− 3. 8102)	5. 4778 *** (4. 2193)	− 9. 3513 *** (− 3. 8102)	5. 4816 *** (4. 2257)
Year	Yes	Yes	Yes	Yes
Industry	Yes	Yes	Yes	Yes
N	16632	16632	16632	16632
Adj. R^2	0. 2896	0. 3351	0. 2990	0. 3345

注：① *** 、** 、* 分别代表在 1% 、5% 、10% 水平上显著；②括号内的数值是 *t* 统计量。

5.5.2　年报语调、投资者情绪和股票流动性

表 5.5 为股票流动性的结果。第（1）列显示年报净正面语调（*Tone*1）与投资者情绪（*Sentiment*）的系数显著为 0. 2722，说明年报净正面语调加剧了投资者非理性情绪。第（2）列显示，年报净正面语调（*Tone*1）的系数显著为 − 0. 0021，具有显著性，且投资者情绪（*Sentiment*）与股票流动性（*Liquidity*）的系数显著为负。第（3）列显示年报净正面语调（*Tone*2）与 *Sentiment* 的回归系数显著为正。第（4）列显示，*Tone*2 为负，且 *Sentiment* 也为负，说明年报语调越积极，外部参与者的情绪越高涨，降低股票流动性。因此，投资者情绪在年报语调和流动性之间发挥了部分中介效应。

表 5.5　　　　　　　　　年报语调、投资者情绪和股票流动性

变量	(1) *Sentiment*	(2) *Liquidity*	(3) *Sentiment*	(4) *Liquidity*
*Tone*1	0. 2722 ** (2. 1366)	− 0. 0021 *** (− 6. 0540)		
*Tone*2			0. 0407 ** (2. 3184)	− 0. 0003 *** (− 6. 0923)

续表

变量	(1) Sentiment	(2) Liquidity	(3) Sentiment	(4) Liquidity
Sentiment		−0.0054 *** (−3.2758)		−0.0054 *** (−36.2696)
Lev	0.0931 *** (10.6796)	0.0005 *** (16.0488)	0.0932 *** (10.6899)	0.0005 *** (16.0256)
Size	0.3147 *** (144.2093)	0.0020 *** (40.9646)	0.3146 *** (144.2185)	0.0020 *** (40.9618)
Cash	0.0422 *** (2.7822)	0.0003 *** (7.9968)	0.0423 *** (2.7848)	0.0003 *** (8.0042)
Growth	−0.0073 *** (−3.6307)	−0.0001 *** (−14.6490)	−0.0073 *** (−3.6334)	−0.0001 *** (−14.6475)
Msholder	0.0180 * (1.7318)	0.0001 ** (2.4403)	0.0179 * (1.7239)	0.0001 ** (2.4469)
Bmarket	0.0319 *** (16.4925)	0.0182 (0.1042)	0.0319 *** (16.4950)	0.0230 (0.1104)
Indboard	−0.0054 (−0.2736)	0.0048 (0.2553)	−0.0055 (−0.2807)	0.0049 (0.2630)
Dual	−0.0044 * (−1.7710)	−0.0032 (−1.3103)	−0.0044 * (−1.7686)	−0.0030 (−1.3194)
Age	−0.0208 *** (−6.5912)	−0.0214 (−1.5839)	−0.0208 *** (−6.5772)	−0.0210 (−1.5978)
First	0.0006 *** (7.7185)	−0.0000 *** (−3.7824)	0.0006 *** (7.7240)	−0.0000 *** (−3.7782)
TobinQ	1.0464 *** (514.8621)	0.0057 *** (36.7662)	1.0464 *** (514.9633)	0.0057 *** (36.7604)
Roa	−3.4636 *** (−1.1e+02)	−0.0185 *** (−35.0715)	−3.4637 *** (−1.1e+02)	−0.0185 *** (−35.0666)
Dturn	0.0196 *** (3.3137)	−0.0000 ** (−2.4395)	0.0196 *** (3.3141)	−0.0000 ** (−2.4456)
Ret	0.0619 *** (6.3061)	−0.0002 *** (−15.2187)	0.0619 *** (6.3056)	−0.0002 *** (−15.2178)

续表

变量	（1）Sentiment	（2）Liquidity	（3）Sentiment	（4）Liquidity
Soe	0.00180 （0.6213）	0.0000 *** （5.6333）	0.00180 （0.6269）	0.0000 *** （5.6459）
Big4	0.0178 *** （5.6472）	− 0.0000 ** （− 2.4109）	0.0176 *** （5.5640）	− 0.0000 ** （− 2.3300）
Media	− 0.0056 *** （− 6.4933）	− 0.0000 * （− 1.6994）	− 0.0056 *** （− 6.4960）	− 0.0000 * （− 1.6866）
Analyst	− 0.0113 *** （− 9.9898）	− 0.0000 ** （− 2.0478）	− 0.0113 *** （− 10.0059）	− 0.0000 ** （− 2.0363）
cons	− 8.6183 *** （− 4.5502）	− 0.0541 *** （− 4.6132）	− 8.6184 *** （− 4.5497）	− 0.0541 *** （− 4.6082）
Year	Yes	Yes	Yes	Yes
Industry	Yes	Yes	Yes	Yes
N	16389	16389	16389	16389
Adj. R^2	0.3791	0.3549	0.3794	0.3498

注：① *** 、** 、* 分别代表在1%、5%、10%水平上显著；②括号内的数值是 t 统计量。

5.5.3　年报语调、投资者情绪和股价崩盘风险

表5.6为股价崩盘风险的检验结果。第（1）列显示年报净正面语调（Tone1）与投资者情绪（Sentiment）的系数显著为1.8165，意味着年报净正面语调加剧了这一情绪。第（2）列显示，年报净正面语调（Tone1）的系数显著为0.2926，具有显著性，且 Sentiment 与 NCSKEW 的系数显著为正。第（3）列显示年报净正面语调（Tone2）与 Sentiment 的回归系数显著为正。第（4）列显示，Tone2 为正，且 Sentiment 为正，说明年报语调将使情绪变得高涨起来，从而增大了股价崩盘的概率。因此，投资者情绪起到了部分中介作用。

表 5.6   年报语调、投资者情绪和股价崩盘风险

变量	(1) *Sentiment*	(2) *NCSKEW*	(3) *Sentiment*	(4) *NCSKEW*
*Tone*1	1.8165 ** (2.2086)	0.2926 *** (4.7613)		
*Tone*2			0.2561 ** (2.2477)	0.0403 *** (4.7322)
Sentiment		0.9937 *** (5.7009)		0.9937 *** (5.7103)
Lev	-0.0227 (-0.4795)	-0.0969 *** (-18.5781)	-0.0222 (-0.4697)	-0.0968 *** (-18.5641)
Size	0.3506 *** (3.5156)	-0.3706 *** (-4.4102)	0.3505 *** (3.5109)	-0.3706 *** (-4.4102)
Cash	0.1454 (1.6172)	-0.0607 *** (-8.3586)	0.1450 (1.6152)	-0.0607 *** (-8.3671)
Growth	0.00520 (0.6447)	0.0119 *** (17.4235)	0.0052 (0.6444)	0.0119 *** (17.4228)
Msholder	0.1335 ** (2.4170)	-0.0111 *** (-3.2149)	0.1333 ** (2.4134)	-0.0111 *** (-3.2165)
Bmarket	0.0581 *** (5.2349)	-0.0060 *** (-5.2901)	0.0581 *** (5.2329)	-0.0060 *** (-5.2987)
Indboard	0.0385 (0.3086)	-0.0007 (-0.0810)	0.0381 (0.3052)	-0.0008 (-0.0849)
Dual	-0.0261 (-1.6106)	0.0021 * (1.7702)	-0.0261 (-1.6076)	0.0021 * (1.7775)
Age	-0.0645 *** (-4.9990)	0.0050 *** (6.0389)	-0.0644 *** (-4.9888)	0.0050 *** (6.0355)
First	-0.0006 (-1.1759)	0.0000 (-0.0276)	-0.0006 (-1.1765)	0.0000 (-0.0348)
TobinQ	1.1532 *** (14.3118)	-1.0917 *** (-7.1110)	1.1532 *** (14.3247)	-1.0918 *** (-7.1103)
Roa	-3.6642 *** (-21.5834)	3.5436 *** (14.7051)	-3.6636 *** (-21.5834)	3.5438 *** (14.7088)

续表

变量	（1） Sentiment	（2） NCSKEW	（3） Sentiment	（4） NCSKEW
Dturn	− 0. 1115 *** （ − 6. 3677）	− 0. 0016 （ − 1. 6353）	− 0. 1114 *** （ − 6. 3661）	− 0. 0016 （ − 1. 6279）
Ret	− 1. 1721 *** （ − 54. 7759）	0. 0070 *** （3. 8421）	− 1. 1721 *** （ − 54. 7785）	0. 0070 *** （3. 8415）
Soe	− 0. 0648 *** （ − 3. 7305）	− 0. 0071 *** （ − 5. 6899）	− 0. 0648 *** （ − 3. 7339）	− 0. 0071 *** （ − 5. 7044）
Big4	− 0. 0150 （ − 0. 4897）	0. 0011 （0. 4765）	− 0. 0159 （ − 0. 5184）	0. 0010 （0. 4275）
Media	− 0. 0101 （ − 1. 4548）	0. 0018 *** （3. 5012）	− 0. 0102 （ − 1. 4590）	0. 0018 *** （3. 4914）
Analyst	0. 0432 *** （5. 6185）	0. 0036 *** （6. 7039）	0. 0431 *** （5. 6109）	0. 0036 *** （6. 6990）
cons	− 9. 8265 *** （ − 4. 5087）	9. 6067 *** （5. 0607）	− 9. 8253 *** （ − 4. 5159）	9. 6070 *** （5. 3636）
Year	Yes	Yes	Yes	Yes
Industry	Yes	Yes	Yes	Yes
N	16586	16586	16586	16586
Adj. R^2	0. 2681	0. 3946	0. 2678	0. 3940

注：① *** 、** 、* 分别代表在 1% 、5% 、10% 水平上显著；②括号内的数值是 t 统计量。

5.6　本章小结

　　本章考察的是以什么样的渠道作用到资本市场定价效率。重点考察了公司信息透明度和投资者情绪这两个作用渠道，利用中介模型检验发现年报净正面语调通过降低公司信息透明度和影响投资者情绪降低资本市场定价效率，具体表现为提高股价同步性、降低股票流动性和加剧股价崩盘风险。

第 *6* 章

年报语调与资本市场定价效率：可靠性分析

6.1　问题的提出

本章将检验在不同的年报可靠性下，年报语调影响资本市场定价效率的差异，以更好地理解年报语调的作用机制。

从三个方面考察年报的可靠性，一是从年报可读性的角度，可读性高的年报更易于投资者理解，相对来说，可读性低的年报可能是管理层故意难为投资者，模糊关键信息或者回避重要信息，加大理解的难度，年报的可靠性降低。二是从未来业绩的角度，投资者对信息的掌握主要依赖于对业绩的预期，定性年报语调，通过数字化的业绩补充、验证，可以增加年报语调的可信度和信息含量。当业绩与语调的方向和趋势一样时，增加了年报语调的可信度。三是从管理层动机角度，公司需要对外不断散播正能量信息，促进股权价格的增长，管理层实施盈余操纵的动机较强（何孝星和叶展，2017），年报语调的可信度降低。

首先从理论上分析了在上述不同的条件下，年报语调是如何影响资本市场定价效率的，并将 2012 ~ 2019 年数据作为样本，开展了分组检验。研究结果表明，在年报可读性差的情况下，年报语调显著降低了资本市场的定价效率（提高股价同步性、降低股票流动性和降低股价崩盘风险）。当语调和业绩不一致时，年报语调显著降低了资本市场的定价效率；当存在管理层动机时，年报语调显著降低了定价效率。

6.2　理论分析与研究假设

在资本市场中，充分披露是外部参与者进行决策的基石，对外界披露的信息质量从一定意义上决定了投资者的方向（Bushman and Smith，2001）。投资者作为信息的接收者，年报是其获取信息的主要来源，较高的可读性有利于投资者进一步了解企业的状况，从而缓解了信息发出者（企业）的噪声。信息缺失或者质量差会为管理层实施负面行为带来条件，导致资本市场定价效率降低。年报作为管理层信息披露的重要渠道，大约有 80% 是叙述性信息（Lo et al.，2017），要求是简洁真实地将这些信息表达出来，是传递经营状况和战略规划的重要窗口（杨丹等，2018）。为此，2006 年财政部重新制定了《企业会计准则——基本准则》，并从 2020 年开始严格按照《证券法》，要求企业内部提供出来的信息应当清晰明了。大量研究表明，信息的理解难度是比较大的，远远大于群体的认知能力（Parker，1982）。投资者之间是有差异的，他们在理解同一个年报时，会出现"一千个读者心中有一千个哈姆雷特"的现象。解读信息按道理是一个适应性与变异性同时存在的处理过程，信息不断地处于吸收、过滤、扩展和转换这一循环中，当年报的解读难度较大时，解读出来的内容很容易被扭曲。

随着证监会监管的不断严格和企业业务的不断扩充，现在的年报篇幅逐渐呈现越来越长的趋势，同时信息也表现出了复杂性。对于那些散户投资者来说，专业水平低，解读起来信息难度不断加大。李（2012）认为可读性较差的信息会阻碍信息使用者吸收信息，股价中包含的盈余信息较少。尤等（2009）发现年报文件越复杂，投资者的反应越不足，进而导致市场的反应不足。较高的可读性有助于外部人和股东更好地理解企业当前经营行为，使其能够有效率地从年报中获取有价值的信息（Luo et al.，2018），进而反映到股价中。而较低的年报可读性可能是管理层为了满足披露要求和自利归因，使用复杂、长篇幅的年报混淆视听，故意掩盖有用信息。因此，在年报可读性较低的样本中，年报语调降低资本市场定价效率（提高股价同步性、降低股票流动性和降低股价崩盘风险）的作用更明显。基于此，提出假设6.1：

假设6.1：在年报可读性低的样本中，年报净正面语调降低资本市场定价效率的作用更显著。

虽然年报语调存在有偏信息，但是其中也有管理层真实反映和有效预测的信息。投资者了解公司首先依赖于对业绩的预期，管理层作为内部人员，掌握了公司的来龙去脉，具有明显的优势，披露的年报语调代表了其对业绩的有效预测。谢德仁和林乐（2015）在研究中得出正面的语调可以提高下一年的业绩，相对应的负面语调会降低下一年的业绩。并且，泰洛克等（2008）和李（2010）也均发现正面的语调会提高业绩。并且，由于年报信息披露具有连续性，即下一年的盈余信息会对上期文本信息内容进行验证，在一定程度上提高了信息的真实性。因此，定性的年报语调，通过数字化的业绩补充、验证，可以增加年报语调的可信度。本书认为当上市公司年报的净语调表现为正面，且下一年的业绩增长时；或者年报的净负面语调表现为负面，且下一年的业绩下降时，认为语调和业绩表现为一致，年报语调的可信度较高。本书预期在语调和业绩不一致时，年报语调降低资本市场定价效率（提高股价同步性、降低股票流动性和降低股价崩盘风险）的作用更明显。基于此，提出假设6.2：

假设6.2：当语调和业绩表现不一致时，年报净正面语调降低资本市场定价效率的作用更显著。

股票价格作为评价管理者能力的重要参考，驱使管理层使用多种手段保持股价，防止大幅度波动，从而达到任职要求或者避免卸任。管理层与公司是拴在一根绳子上的蚂蚱，利益同分享，风险共承担，增强了对财富的敏感性。在对外公布的年报中，管理层会"报喜不报忧"，尽量向投资者传递正面消息。本书从股权激励和股权再融资两方面分析管理层动机。当公司实施股权激励计划时，管理层会实施以公司长期利益为代价的短期机会主义行为来推高短期股价，最终完成管理层自利行为（徐寿福，2017）。当上市公司准备股权再融资时，投资者愿意支付的股价是以盈余信息为基础的，在信息不对称的情况下，管理层有强烈动机操纵盈余信息和文本信息来提升股票发行价格。股权激励和股权再融资强化了管理层利益与公司股票之间的关联性，促使管理层格外关注公司股票价格的增长。因此，我国上市公司管理层获得股权激励收益和股权再融资的必要条件是公司股票价格的上涨，增强了管理层操纵年报的动机。

在对外公布的年报文本中，管理层会加大理解难度，增加阅读者的解读成本，并且会潜移默化地引导市场作出判断（王克敏等，2018），当然这种判断是有利于自身发展的。尤其是当公司业绩下滑时，管理层会增加语调的理解难度，降低外部投资者对财务信息操纵的怀疑，防止对股价造成不良影响。而投资者并不能识别此类做法，导致股票出现误定价，出现被高估的情况，损害了定价效率。由此可以看出，当存在管理层动机时，年报可信度降低。本书预期当存在管理层动机时，年报语调降低资本市场定价效率（提高股价同步性、降低股票流动性和降低股价崩盘风险）的作用更明显。基于此，提出假设 6.3：

假设 6.3：当存在管理层动机时，年报净正面语调降低资本市场定价效率的作用更显著。

6.3　研究设计

（1）数据来源。利用分组检验年报语调对定价效率的影响。数据取自WINGO 和 CSMAR。对数据进行了以下筛选：删除金融类行业；删除数据缺失的企业。

（2）变量定义。

①年报可读性。年报可读性是指读者能否以最佳的速度阅读一篇给定的文章并引起兴趣的相互作用的因素之和。年报可读性越高，越容易被读者理解。

对文本可读性的衡量考虑了词汇的前后搭配顺序，在朴素贝叶斯的假设下，即假设文本中句子相互独立，并考虑句中词汇的前后搭配顺序，将文本中各个句子生成概率乘积的对数似然的均值，作为文本的可读性度量。用公式表示为：

$$Readability = \frac{1}{N}\sum_{s=1}^{N} logP_s \tag{6.1}$$

P_s 代表句子 s 生成概率，N 代表构成文本的句子数。数值越大，代表文本中词汇搭配顺序在语料中出现的频率越高，文本越容易理解，文本可读性越高。

②公司未来业绩。当管理层披露的年报文本信息较正面，且公司未来业绩上升时，代表年报语调是比较可靠的；当年报语调较负面，且公司未来业绩下降时，代表年报语调是较为真实的。

净语调（$Tone$）>0，且公司未来业绩上升，代表年报文本信息较为可靠；

净语调（$Tone$）<0，且公司未来业绩下降，代表年报文本信息较为可靠。

其他情况，即为不真实披露年报文本信息。

③管理层动机。当公司存在管理层动机时，公司需要向市场传达积极信号，保证股票期权顺利行权或者实现股权再融资，促进已获股权价格的增长，管理层隐藏公司负面信息和实施盈余操纵的动机较强，年报语调的可靠性降低。

借鉴林乐和谢德仁（2017）的做法，当上市公司实施了股权激励计划或股权再融资时，说明上市公司存在管理层动机。

6.4　考虑可靠性的分析

6.4.1　年报可读性

在不同的可读性下，年报语调对定价效率有不同的影响。从表 6.1 和表 6.2 的第（1）、（2）列发现，*Tone*1 和 *Tone*2 在可读性较差的样本组中的回归系数为 6.3737 和 0.8483，且均显著，在可读性高的样本组中不显著，意味着当年报的可读性较低时，年报净正面语调提高股价同步性的作用更显著。

表 6.1　　年报可读性——年报语调（*Tone*1）与资本市场定价效率

变量	（1）年报可读性差 *Syn*	（2）年报可读性高 *Syn*	（3）年报可读性差 *Liquidity*	（4）年报可读性高 *Liquidity*	（5）年报可读性差 *NCSKEW*	（6）年报可读性高 *NCSKEW*
*Tone*1	6.3737 *** (3.5548)	2.8927 (1.5702)	− 0.0050 *** (− 7.3436)	− 0.0022 (− 1.5179)	4.9565 *** (3.8787)	0.6539 (0.5650)
Lev	− 0.2416 ** (− 2.0948)	− 0.4809 *** (− 3.9334)	0.0001 ** (2.1672)	− 0.0001 * (− 1.7450)	− 0.0866 (− 1.3112)	− 0.1285 * (− 1.9211)
Size	0.0227 (0.6730)	− 0.1131 *** (− 2.9429)	0.0003 *** (25.6857)	0.0004 *** (14.6696)	− 0.0280 * (− 1.7336)	− 0.0154 (− 1.0953)
Cash	0.0124 (0.0985)	− 0.1421 (− 1.0848)	0.0001 * (1.7563)	0.0001 (0.4353)	0.0091 (0.0712)	0.1738 (1.3928)
Growth	− 0.0254 ** (− 2.1617)	− 0.0169 (− 1.2207)	− 0.0000 * (− 1.8682)	− 0.0000 * (− 1.6751)	0.0188 (1.6292)	0.0195 * (1.7130)
Msholder	− 0.0390 (− 0.2863)	0.0141 (0.1027)	0.0001 (0.0601)	− 0.0001 (− 0.8989)	0.1548 ** (2.0709)	0.1043 (1.2838)
Bmarket	0.1264 *** (6.1179)	0.2255 *** (8.2953)	− 0.0001 *** (− 12.6191)	− 0.0002 *** (− 10.9944)	0.0679 *** (3.7589)	0.0413 *** (2.9327)
Indboard	0.0431 (0.1561)	0.0905 (0.3183)	0.0003 ** (2.1730)	− 0.0001 (− 0.6982)	0.5019 *** (2.8782)	− 0.3912 ** (− 2.1872)

续表

变量	(1) 年报可读性差 Syn	(2) 年报可读性高 Syn	(3) 年报可读性差 Liquidity	(4) 年报可读性高 Liquidity	(5) 年报可读性差 NCSKEW	(6) 年报可读性高 NCSKEW
Dual	-0.0297 (-0.9198)	0.0307 (0.9266)	0.0004 (0.7266)	0.0003 (0.9118)	-0.0569 ** (-2.5020)	0.0088 (0.3825)
Age	0.4500 *** (7.5868)	0.4647 *** (7.6624)	0.0001 *** (2.7451)	0.0001 *** (4.3986)	-0.0850 *** (-4.4934)	-0.0251 (-1.4138)
First	-0.0014 (-0.7368)	0.0004 (0.2255)	-0.0000 *** (-8.5909)	-0.0000 *** (-5.1003)	-0.0005 (-0.7009)	-0.0007 (-1.0793)
TobinQ	-0.0718 *** (-4.1113)	-0.0731 *** (-4.8936)	0.0001 *** (6.7033)	0.0001 *** (7.1752)	0.0412 *** (3.9284)	0.0795 *** (6.8901)
Roa	-0.0028 (-0.0122)	0.9227 *** (3.3115)	0.0003 * (1.6591)	-0.0002 (-0.8070)	0.0416 (0.1720)	-0.3029 (-1.3144)
Dturn	-0.3360 *** (-14.1021)	-0.3338 *** (-15.8010)	-0.0001 (-0.0525)	-0.0002 *** (-3.8064)	-0.0917 *** (-3.7970)	-0.1412 *** (-5.6442)
Ret	-0.2777 *** (-9.6689)	-0.3659 *** (-12.9283)	-0.0003 *** (-5.2876)	-0.0007 *** (-6.4424)	-1.1273 *** (-38.1068)	-1.1837 *** (-39.2511)
Soe	0.0344 (0.3811)	0.0471 (0.6427)	0.0001 *** (4.3595)	-0.0001 (-0.1883)	-0.0339 (-1.3708)	-0.1074 *** (-4.3845)
Big4	-0.0192 (-0.1675)	0.0619 (0.5969)	-0.0001 *** (-6.9996)	-0.0001 *** (-4.6771)	0.0064 (0.1318)	-0.0173 (-0.4329)
Media	-0.0947 *** (-6.8106)	-0.1378 *** (-8.8177)	0.0000 *** (3.6206)	0.0000 *** (4.7298)	-0.0359 *** (-3.4314)	0.0166 * (1.7965)
Analyst	0.0243 * (1.9559)	0.0455 *** (3.3808)	0.0001 *** (8.0109)	0.0000 *** (4.2737)	0.0417 *** (3.8972)	0.0540 *** (4.8501)
cons	-1.4913 ** (-1.9751)	1.9119 ** (2.3075)	-0.0066 *** (-3.3207)	-0.0093 *** (-4.0780)	-0.0303 (-0.0887)	-0.3712 (-1.2514)
Year	Yes	Yes	Yes	Yes	Yes	Yes
Industry	Yes	Yes	Yes	Yes	Yes	Yes
N	8058	8574	7982	8407	8023	8563
Adj. R^2	0.3080	0.3756	0.2529	0.1922	0.2178	0.2155

注：①***、**、*分别代表在1%、5%、10%水平上显著；②括号内的数值是 t 统计量。

表 6.2　　年报可读性——年报语调（*Tone2*）与资本市场定价效率

变量	（1）年报可读性差 *Syn*	（2）年报可读性高 *Syn*	（3）年报可读性差 *Liquidity*	（4）年报可读性高 *Liquidity*	（5）年报可读性差 *NCSKEW*	（6）年报可读性高 *NCSKEW*
Tone2	0.8483 *** (3.4633)	0.3921 (1.5316)	− 0.0007 *** (− 8.0086)	− 0.0003 (− 1.4829)	0.6936 *** (3.8960)	0.1056 (0.6617)
Lev	− 0.2409 ** (− 2.0879)	− 0.4809 *** (− 3.9347)	0.0001 ** (2.1244)	− 0.0001 * (− 1.7438)	− 0.0864 (− 1.3081)	− 0.1279 * (− 1.9113)
Size	0.0221 (0.6549)	− 0.1127 *** (− 2.9338)	0.0003 *** (25.7688)	0.0004 *** (14.6588)	− 0.0278 * (− 1.7239)	− 0.0154 (− 1.0951)
Cash	0.0093 (0.0740)	− 0.1424 (− 1.0833)	0.0001 * (1.7850)	0.0001 (0.4346)	0.0097 (0.0757)	0.1749 (1.3927)
Growth	− 0.0255 ** (− 2.1645)	− 0.0169 (− 1.2213)	− 0.0000 * (− 1.8681)	− 0.0000 * (− 1.6757)	0.0188 (1.6291)	0.0195 * (1.7116)
Msholder	− 0.0396 (− 0.2906)	0.0139 (0.1007)	0.0001 (0.0698)	− 0.0001 (− 0.8990)	0.1544 ** (2.0659)	0.104 (1.2800)
Bmarket	0.1265 *** (6.1304)	0.2254 *** (8.2956)	− 0.0001 *** (− 12.6060)	− 0.0002 *** (− 10.9919)	0.0677 *** (3.7475)	0.0413 *** (2.9367)
Indboard	0.0403 (0.1463)	0.0904 (0.3181)	0.0003 ** (2.1928)	− 0.0001 (− 0.6991)	0.5020 *** (2.8783)	− 0.3922 ** (− 2.1927)
Dual	− 0.0296 (− 0.9139)	0.0306 (0.9244)	0.0003 (0.7184)	0.0003 (0.9099)	− 0.0568 ** (− 2.4971)	0.00880 (0.3826)
Age	0.4525 *** (7.6208)	0.4658 *** (7.6816)	0.0001 *** (2.7145)	0.0001 *** (4.4026)	− 0.0851 *** (− 4.4997)	− 0.0249 (− 1.3978)
First	− 0.0014 (− 0.7290)	0.0004 (0.2256)	− 0.0000 *** (− 8.5857)	− 0.0000 *** (− 5.0987)	− 0.0005 (− 0.7066)	− 0.0007 (− 1.0782)
TobinQ	− 0.0719 *** (− 4.1205)	− 0.0731 *** (− 4.8936)	0.0001 *** (6.7094)	0.0001 *** (7.1747)	0.0412 *** (3.9273)	0.0795 *** (6.8920)
Roa	0.0020 (0.0087)	0.9240 *** (3.3155)	0.0003 * (1.6518)	− 0.0002 (− 0.8101)	0.0417 (0.1723)	− 0.304 (− 1.3188)
Dturn	− 0.3363 *** (− 14.1167)	− 0.3338 *** (− 15.8017)	− 0.0003 (− 0.0536)	− 0.0002 *** (− 3.8075)	− 0.0916 *** (− 3.7924)	− 0.1412 *** (− 5.6442)

续表

变量	(1) 年报可读性差 Syn	(2) 年报可读性高 Syn	(3) 年报可读性差 Liquidity	(4) 年报可读性高 Liquidity	(5) 年报可读性差 NCSKEW	(6) 年报可读性高 NCSKEW
Ret	-0.2775*** (-9.6644)	-0.3660*** (-12.9302)	-0.0003*** (-5.2890)	-0.0007*** (-6.4418)	-1.1274*** (-38.1140)	-1.1837*** (-39.2510)
Soe	0.0338 (0.3745)	0.0468 (0.6389)	0.0001*** (4.3434)	-0.0001 (-0.1846)	-0.0341 (-1.3767)	-0.1073*** (-4.3795)
Big4	-0.0193 (-0.1678)	0.0617 (0.5954)	-0.0001*** (-6.6721)	-0.0001*** (-4.6874)	0.00670 (0.1377)	-0.0183 (-0.4576)
Media	-0.0946*** (-6.8085)	-0.1379*** (-8.8242)	0.0000*** (3.6305)	0.0000*** (4.7326)	-0.0359*** (-3.4377)	0.0166* (1.7978)
Analyst	0.0244* (1.9592)	0.0455*** (3.3757)	0.0001*** (8.0467)	0.0000*** (4.2695)	0.0415*** (3.8841)	0.0539*** (4.8393)
cons	-1.4839** (-1.9655)	1.8999** (2.2931)	-0.0066*** (-3.4146)	-0.0093*** (-4.0649)	-0.0332 (-0.0972)	-0.3725 (-1.2577)
Year	Yes	Yes	Yes	Yes	Yes	Yes
Industry	Yes	Yes	Yes	Yes	Yes	Yes
N	8058	8574	7982	8407	8023	8563
Adj. R^2	0.3079	0.3756	0.2532	0.1922	0.2181	0.2160

注：①***、**、*分别代表在1%、5%、10%水平上显著；②括号内的数值是 t 统计量。

从第（3）、（4）列可以看出，在年报可读性差的一组中，年报净正面语调（Tone1、Tone2）与股票流动性（Liquidity）的系数显著为负；在年报可读性高的样本中，年报净正面语调（Positive）与股票流动性（Liquidity）的系数不显著，说明当年报可读性较低时，年报净正面语调降低股票流动性的作用更明显。

从表6.1和表6.2的第（5）、（6）列发现年报净正面语调（Tone1、Tone2）在可读性较差的样本组中的回归系数为4.9565，且在1%的水平上显著；在可读性高的样本组中不显著，说明当年报的可读性较低时，正面语调降低了股价崩盘风险，从而降低了资本市场定价效率。管理层的语气过于乐观，可能有意对外呈现一种积极的氛围，投资者对这种操作行为无法感知，从而提高了企业股价崩盘风险。假设 6.1 得到验证。

由于上市公司披露的年报可读性差，管理层在粉饰信息的时候不仅加大解读难度，而且会对外散播正面的信息，呈现出良好的经营态势和未来良好的盈余预期，降低外部人对财务信息操纵的怀疑，防止给股价带来负面效应。而投资者并不能清晰地识别和区分各类信息，股价中的个体信息较少，市场信息较多，资本市场定价效率降低。

6.4.2　语调与公司业绩是否一致

从表 6.3 和表 6.4 的第（1）、（2）列可以看出，当语调与公司业绩不一致即年报文本信息相对不可靠的时候，年报净正面语调（$Tone1$、$Tone2$）与股价同步性的系数为 11.1248，且在 1% 的水平上显著，说明当年报文本信息可靠性较低时，年报净正面语调提高股价同步性，降低资本市场定价效率的作用更显著。

表 6.3　公司未来业绩——年报净正面语调（$Tone1$）与资本市场定价效率

变量	（1）语调与业绩一致 Syn	（2）语调与业绩不一致 Syn	（3）语调与业绩一致 $Liquidity$	（4）语调与业绩不一致 $Liquidity$	（5）语调与业绩一致 $NCSKEW$	（6）语调与业绩不一致 $NCSKEW$
$Tone1$	3.7365 (1.3771)	11.1248*** (5.4371)	-0.0029 (-0.9771)	-0.0056*** (-3.7329)	0.4061 (0.3333)	3.4749*** (2.8559)
Lev	-0.3817** (-2.5644)	-0.4332*** (-3.4819)	0.0001 (0.0782)	-0.0001 (-1.1566)	-0.1487** (-2.3497)	-0.0675 (-0.9729)
$Size$	-0.0147 (-0.3573)	-0.0250 (-0.6886)	0.0002*** (5.5047)	0.0003*** (11.3903)	-0.0161 (-1.1458)	-0.0295* (-1.9045)
$Cash$	-0.0987 (-0.5854)	0.0867 (0.5898)	-0.0002 (-1.1935)	0.0001 (0.4229)	-0.0887 (-0.7435)	0.2854** (2.1061)
$Growth$	-0.0207 (-1.2571)	-0.0231 (-1.6163)	-0.0000* (-1.8354)	-0.0000* (-1.9155)	0.00850 (0.7365)	0.0274** (2.4212)
$Msholder$	0.0314 (0.1972)	0.1911 (1.1787)	-0.0001 (-0.3710)	-0.0001 (-0.0842)	0.2656*** (3.4675)	-0.0335 (-0.4196)

续表

变量	（1）语调与业绩一致 Syn	（2）语调与业绩不一致 Syn	（3）语调与业绩一致 Liquidity	（4）语调与业绩不一致 Liquidity	（5）语调与业绩一致 NCSKEW	（6）语调与业绩不一致 NCSKEW
Bmarket	0.2381 *** (9.2452)	0.1772 *** (7.2866)	− 0.0002 *** (− 7.8260)	− 0.0002 *** (− 9.9632)	0.0511 *** (3.4024)	0.0493 *** (3.0208)
Indboard	− 0.2301 (− 0.6238)	0.1345 (0.3973)	− 0.0010 (− 0.0406)	− 0.0012 (− 0.0555)	0.0102 (0.0601)	0.0706 (0.3865)
Dual	0.0726 * (1.8668)	− 0.0374 (− 1.0281)	− 0.0028 (− 0.7440)	− 0.0025 (− 0.0943)	− 0.0267 (− 1.2078)	− 0.0218 (− 0.9194)
Age	0.5162 *** (7.2771)	0.5206 *** (8.0284)	0.0003 *** (3.5746)	0.0005 *** (5.4843)	− 0.0647 *** (− 3.6838)	− 0.0534 *** (− 2.8224)
First	0.0001 (0.0463)	− 0.0009 (− 0.5023)	− 0.0001 (− 0.6877)	− 0.0000 *** (− 3.2835)	− 0.0012 * (− 1.8040)	0.0001 (0.1087)
TobinQ	− 0.1016 *** (− 5.0914)	− 0.0865 *** (− 4.8355)	0.0001 ** (2.1525)	0.0001 *** (6.0987)	0.0573 *** (5.4893)	0.0529 *** (4.6436)
Roa	0.0989 (0.2816)	0.0683 (0.2219)	0.0003 (1.0276)	0.0002 (1.1897)	− 0.0371 (− 0.1640)	− 0.185 (− 0.7276)
Dturn	− 0.4333 *** (− 13.3332)	− 0.4157 *** (− 14.7594)	0.0001 (0.4452)	− 0.0002 *** (− 2.9643)	− 0.1505 *** (− 6.2545)	− 0.0682 *** (− 2.6917)
Ret	− 0.4126 *** (− 10.8835)	− 0.4990 *** (− 14.2951)	− 0.0002 *** (− 5.9625)	− 0.0004 *** (− 7.1527)	− 1.1319 *** (− 38.9747)	− 1.1872 *** (− 38.0062)
Soe	− 0.0405 (− 0.3991)	0.0783 (0.8833)	0.0001 (1.1161)	0.0001 (0.5121)	− 0.0292 (− 1.2371)	− 0.1147 *** (− 4.5078)
Big4	− 0.2422 (− 1.3349)	0.0933 (0.9636)	− 0.0002 (− 1.6286)	− 0.0001 * (− 1.8625)	0.0335 (0.8068)	− 0.0679 (− 1.5033)
Media	− 0.1521 *** (− 8.8071)	− 0.1720 *** (− 10.4967)	0.0001 (0.3988)	0.0000 *** (2.6647)	0.0091 (0.9720)	− 0.0280 *** (− 2.7409)
Analyst	− 0.0078 (− 0.4787)	0.0057 (0.3938)	0.0001 *** (4.7768)	0.0001 *** (5.7478)	0.0452 *** (4.3054)	0.0485 *** (4.2949)
cons	1.2414 (1.3368)	− 0.7997 (− 1.0326)	− 0.0063 *** (− 4.0912)	− 0.0092 *** (− 4.6731)	− 0.3242 (− 1.0847)	0.0295 (0.0909)

续表

变量	(1) 语调与业绩一致 Syn	(2) 语调与业绩不一致 Syn	(3) 语调与业绩一致 Liquidity	(4) 语调与业绩不一致 Liquidity	(5) 语调与业绩一致 NCSKEW	(6) 语调与业绩不一致 NCSKEW
Year	Yes	Yes	Yes	Yes	Yes	Yes
Industry	Yes	Yes	Yes	Yes	Yes	Yes
N	9028	7604	8941	7448	9004	7582
Adj. R^2	0.4594	0.4397	0.3066	0.1589	0.2140	0.2167

注：①***、**、* 分别代表在 1%、5%、10% 水平上显著；②括号内的数值是 t 统计量。

表 6.4　公司未来业绩——年报净正面语调（Tone2）与资本市场定价效率

变量	(1) 语调与业绩一致 Syn	(2) 语调与业绩不一致 Syn	(3) 语调与业绩一致 Liquidity	(4) 语调与业绩不一致 Liquidity	(5) 语调与业绩一致 NCSKEW	(6) 语调与业绩不一致 NCSKEW
Tone2	0.4760 (1.6368)	1.5684 *** (5.5341)	−0.0004 (−0.9896)	−0.0007 *** (−3.6035)	0.0706 (0.4183)	0.4749 *** (2.8190)
Lev	−0.3811 ** (−2.5599)	−0.4336 *** (−3.4850)	0.0001 (0.0778)	−0.0001 (−1.1579)	−0.1485 ** (−2.3460)	−0.0671 (−0.9675)
Size	−0.0147 (−0.3557)	−0.0252 (−0.6968)	0.0002 *** (5.5050)	0.0003 *** (11.3985)	−0.0162 (−1.1463)	−0.0296 * (−1.9103)
Cash	−0.0993 (−0.5887)	0.0866 (0.5892)	−0.0002 (−1.1903)	0.0001 (0.4308)	−0.0880 (−0.7371)	0.2851 ** (2.1037)
Growth	−0.0207 (−1.2573)	−0.0232 (−1.6199)	−0.0000 * (−1.8382)	−0.0000 * (−1.9129)	0.0085 (0.7344)	0.0275 ** (2.4241)
Msholder	0.0310 (0.1944)	0.1901 (1.1767)	−0.0001 (−0.3706)	−0.0001 (−0.0832)	0.2653 *** (3.4649)	−0.0337 (−0.4219)
Bmarket	0.2378 *** (9.2391)	0.1779 *** (7.3253)	−0.0002 *** (−7.8355)	−0.0002 *** (−9.9706)	0.0512 *** (3.4051)	0.0492 *** (3.0112)
Indboard	−0.2323 (−0.6288)	0.1324 (0.3916)	−0.0001 (−0.0392)	−0.0001 (−0.0521)	0.0096 (0.0563)	0.0702 (0.3846)
Dual	0.0726 * (1.8669)	−0.0373 (−1.0228)	−0.0021 (−0.7432)	−0.0023 (−0.0916)	−0.0267 (−1.2071)	−0.0217 (−0.9152)
Age	0.5175 *** (7.2966)	0.5259 *** (8.1110)	0.0003 *** (3.5717)	0.0005 *** (5.4643)	−0.0645 *** (−3.6692)	−0.0535 *** (−2.8282)

续表

变量	(1) 语调与业绩一致 Syn	(2) 语调与业绩不一致 Syn	(3) 语调与业绩一致 Liquidity	(4) 语调与业绩不一致 Liquidity	(5) 语调与业绩一致 NCSKEW	(6) 语调与业绩不一致 NCSKEW
First	0.0001 (0.0462)	− 0.0009 (− 0.4967)	− 0.0011 (− 0.6912)	− 0.0001 *** (− 3.2827)	− 0.0012 * (− 1.7998)	0.0001 (0.1040)
TobinQ	− 0.1016 *** (− 5.0949)	− 0.0868 *** (− 4.8535)	0.0001 ** (2.1519)	0.0001 *** (6.1011)	0.0573 *** (5.4919)	0.0529 *** (4.6387)
Roa	0.0950 (0.2705)	0.0628 (0.2039)	0.0003 (1.0293)	0.0002 (1.1562)	− 0.0406 (− 0.1795)	− 0.1861 (− 0.7305)
Dturn	− 0.4334 *** (− 13.3361)	− 0.4159 *** (− 14.7655)	0.0001 (0.4431)	− 0.0002 *** (− 2.9622)	− 0.1506 *** (− 6.2563)	− 0.0679 *** (− 2.6837)
Ret	− 0.4126 *** (− 10.8809)	− 0.4986 *** (− 14.2912)	− 0.0002 *** (− 5.9720)	− 0.0004 *** (− 7.1523)	− 1.1318 *** (− 38.9714)	− 1.1872 *** (− 38.0056)
Soe	− 0.0414 (− 0.4082)	0.0773 (0.8718)	0.0001 (1.1184)	0.0001 (0.5210)	− 0.0292 (− 1.2342)	− 0.1148 *** (− 4.5128)
Big4	− 0.2423 (− 1.3335)	0.0919 (0.9494)	− 0.0002 (− 1.6296)	− 0.0001 * (− 1.8642)	0.0329 (0.7924)	− 0.0690 (− 1.5273)
Media	− 0.1522 *** (− 8.8128)	− 0.1719 *** (− 10.4893)	0.0001 (0.4043)	0.0001 *** (2.6663)	0.0091 (0.9725)	− 0.0281 *** (− 2.7482)
Analyst	− 0.0077 (− 0.4730)	0.0054 (0.3728)	0.0001 *** (4.7840)	0.0001 *** (5.7381)	0.0451 *** (4.2919)	0.0485 *** (4.2972)
cons	1.2374 (1.3332)	− 0.8104 (− 1.0467)	− 0.0063 *** (− 4.0901)	− 0.0091 *** (− 3.6788)	− 0.3251 (− 1.0888)	0.0325 (0.1001)
Year	Yes	Yes	Yes	Yes	Yes	Yes
Industry	Yes	Yes	Yes	Yes	Yes	Yes
N	9028	7604	8941	7448	9004	7582
Adj. R^2	0.4593	0.4398	0.3066	0.1588	0.2144	0.2173

注：① *** 、 ** 、 * 分别代表在1%、5%、10%水平上显著；②括号内的数值是 t 统计量。

从第 (3)、(4) 列可以看出，当公司业绩与语调不一致即年报文本信息相对不可靠的时候，年报净正面语调（Tone1、Tone2）与股票流动性的系数在1%的水平上显著为负，说明当年报文本信息可靠性较低时，年报净正面语调降低股票流动性，从而降低资本市场定价效率的作用更显著。

从第（5）、（6）列可以看出，当公司业绩与语调不一致的时候，年报净正面语调（*Tone*1、*Tone*2）与 *NCSKEW* 的系数显著为正，说明当年报文本信息可靠性较低时，年报净正面语调提高股价崩盘风险，降低资本市场定价效率的作用更显著。说明年报净正面语调与公司业绩提升并非具有一致性，年报语调可能是被操纵的结果，假设 6.2 得到验证。

6.4.3　管理层动机

管理层动机会降低信息披露质量，在对外公布的年报文本中，管理层会加大理解难度，增加阅读者的解读成本，并且会潜移默化地引导市场做出判断（王克敏等，2018）。曾庆生等（2018）认为，管理层在编制年报文本时存在"口是心非"的嫌疑，表达得越积极，知情人抛售股票的可能性越大。积极的语调可能包含着有偏信息，尤其是当公司业绩下滑时，管理层会增加语调的理解难度，降低投资者对财务信息操纵的怀疑，防止给股价带来不良影响。管理层发布的信息具有一定的专业性，只有具备专业知识结构和丰富经验的专业人员，才能发现潜在的问题，投资者无法清晰地识别和区分各类信息。因此，当上市公司存在管理层动机时，管理层可能存在"口是心非"的嫌疑，管理层语调的真实成分较低。

当上市公司存在管理层动机时，管理层为了一己私利可能存在操纵年报的动机，用正面的语调向外界呈现积极的市场氛围，导致年报的可信度较低，从表 6.5 和表 6.6 的第（1）、（2）列可以看出，在存在管理层动机的样本中，年报净正面语调（*Tone*1、*Tone*2）与股价同步性的系数为正，且在 1% 的水平上显著，说明当存在管理层动机时，年报文本信息可靠性较低时，年报净正面语调提高股价同步性的作用更显著。

从第（3）、（4）列可以看出，当存在管理层动机时，年报净正面语调（*Tone*1、*Tone*2）与股票流动性的系数显著为负，年报语调降低股票流动性的作用更显著。

从第（5）、（6）列可以看出，当存在管理层动机的时候，年报净正面语调（Tone1、Tone2）与NCSKEW的系数显著为正，年报语调明显加剧了股价崩盘。说明当存在管理层动机时，管理层会选择性地披露公司信息，蒙蔽投资者，进而实现自己的战略，假设6.3得到验证。

表6.5 管理层动机——年报净正面语调（Tone1）与资本市场定价效率

变量	（1）存在管理层动机 Syn	（2）不存在管理层动机 Syn	（3）存在管理层动机 Liquidity	（4）不存在管理层动机 Liquidity	（5）存在管理层动机 NCSKEW	（6）不存在管理层动机 NCSKEW
Tone1	3.7107*** (2.8972)	-0.1956 (-0.0430)	-0.0041*** (-3.3337)	0.0012 (0.2101)	1.9678** (2.3114)	3.1695 (1.0153)
Lev	-0.4134*** (-4.7728)	0.2615 (0.8643)	-0.0001 (-1.2206)	0.0014** (2.1466)	-0.1104** (-2.2811)	-0.2489 (-1.4145)
Size	-0.0392 (-1.5781)	-0.0064 (-0.0831)	0.0003*** (12.4724)	0.0001 (1.2749)	-0.0207* (-1.9066)	-0.0019 (-0.0491)
Cash	-0.0230 (-0.2582)	-0.0498 (-0.1173)	0.0001 (0.6627)	0.0006 (1.2039)	0.0944 (1.0287)	0.2293 (0.6019)
Growth	-0.0197** (-2.1581)	-0.0141 (-0.5020)	-0.0000** (-2.2627)	-0.0001 (-1.4371)	0.0162* (1.9378)	0.0404 (1.2421)
Msholder	-0.0496 (-0.5325)	1.0984** (2.2122)	-0.0001 (-0.8394)	-0.0003 (-0.7149)	0.0870 (1.4819)	0.4562*** (2.9401)
Bmarket	0.1535*** (8.9544)	0.1453*** (2.6427)	-0.0002*** (-11.3526)	-0.0001* (-1.7818)	0.0503*** (4.4328)	0.0437 (0.8668)
Indboard	0.0610 (0.3094)	-0.2545 (-0.3406)	0.0002 (0.7166)	0.0022 (1.0948)	-0.0103 (-0.0792)	0.4771 (1.1767)
Dual	-0.0014 (-0.0622)	-0.0626 (-0.6859)	0.0002 (0.9225)	0.0002 (0.9603)	-0.0154 (-0.9046)	-0.1415*** (-2.7214)
Age	0.3946*** (9.4351)	0.3616* (1.8984)	0.0004*** (6.0589)	0.0005 (1.5997)	-0.0570*** (-4.2424)	-0.1156*** (-2.5900)
First	0.0005 (0.3757)	-0.0002 (-0.0481)	-0.0000*** (-2.9189)	-0.0000* (-1.9282)	-0.0006 (-1.2606)	0.0001 (0.0566)
TobinQ	-0.0664*** (-5.7455)	-0.0373 (-0.9762)	0.0001*** (6.1585)	-0.0001 (-0.2694)	0.0563*** (7.0469)	0.0381 (1.2973)

续表

变量	（1）存在管理层动机 Syn	（2）不存在管理层动机 Syn	（3）存在管理层动机 Liquidity	（4）不存在管理层动机 Liquidity	（5）存在管理层动机 NCSKEW	（6）不存在管理层动机 NCSKEW
Roa	0.3022 (1.6396)	1.7388 ** (2.3227)	0.0002 (1.0895)	0.0021 * (1.7692)	−0.1354 (−0.7830)	−0.2887 (−0.4172)
Dturn	−0.3285 *** (−20.9710)	−0.1962 *** (−3.0697)	−0.0001 ** (−2.2614)	0.0001 (0.1399)	−0.1214 *** (−6.5511)	−0.0292 (−0.5615)
Ret	−0.3296 *** (−15.3298)	−0.3614 *** (−5.4961)	−0.0004 *** (−7.3146)	−0.0003 *** (−3.0577)	−1.1583 *** (−52.1638)	−1.1301 *** (−15.7230)
Soe	0.0051 (0.0809)	−0.2305 (−1.0846)	0.0002 (1.0085)	−0.0001 (−0.7478)	−0.0682 *** (−3.8362)	−0.1493 (−1.6325)
Big4	0.0225 (0.2785)	−0.1963 (−0.6594)	−0.0001 ** (−2.1379)	−0.0002 (−1.1428)	−0.0241 (−0.7652)	0.1477 (1.2591)
Media	−0.1075 *** (−10.4786)	−0.1187 *** (−2.8951)	0.0001 *** (2.7118)	−0.0001 (−1.0280)	−0.0058 (−0.7989)	−0.0501 ** (−2.0796)
Analyst	0.0205 ** (2.3198)	0.0219 (0.5390)	0.0001 *** (6.0584)	0.0001 (0.8111)	0.0471 *** (5.8704)	0.0237 (0.9089)
cons	0.2877 (0.5160)	−0.0864 (−0.0518)	−0.0085 *** (−3.8130)	−0.0040 ** (−2.1993)	−0.1955 (−0.8564)	−0.4570 (−0.5460)
Year	Yes	Yes	Yes	Yes	Yes	Yes
Industry	Yes	Yes	Yes	Yes	Yes	Yes
N	6344	10288	6196	10193	6292	10294
Adj. R^2	0.3350	0.3527	0.1677	0.4297	0.2097	0.2766

注：① *** 、** 、* 分别代表在 1%、5%、10% 水平上显著；② 括号内的数值是 t 统计量。

表 6.6　　管理层动机——年报净正面语调（*Tone2*）与资本市场定价效率

变量	（1）存在管理层动机 Syn	（2）不存在管理层动机 Syn	（3）存在管理层动机 Liquidity	（4）不存在管理层动机 Liquidity	（5）存在管理层动机 NCSKEW	（6）不存在管理层动机 NCSKEW
Tone2	0.4915 *** (2.7800)	−0.0008 (−0.0013)	−0.0006 *** (−3.2633)	0.0001 (0.1421)	0.2730 ** (2.3158)	0.5093 (1.1682)
Lev	−0.4134 *** (−4.7709)	0.2614 (0.8625)	−0.0001 (−1.2217)	0.0015 ** (2.1293)	−0.1101 ** (−2.2731)	−0.2473 (−1.4022)

续表

变量	(1) 存在管理层动机 Syn	(2) 不存在管理层动机 Syn	(3) 存在管理层动机 Liquidity	(4) 不存在管理层动机 Liquidity	(5) 存在管理层动机 NCSKEW	(6) 不存在管理层动机 NCSKEW
Size	− 0.0390 (− 1.5713)	− 0.0065 (− 0.0846)	0.0003 *** (12.4746)	0.0001 (1.2718)	− 0.0207 * (− 1.9144)	− 0.0018 (− 0.0476)
Cash	− 0.0238 (− 0.2672)	− 0.0492 (− 0.1160)	0.0001 (0.6690)	0.0006 (1.2021)	0.0941 (1.0251)	0.2316 (0.6068)
Growth	− 0.0197 ** (− 2.1576)	− 0.0141 (− 0.5018)	− 0.0000 ** (− 2.2608)	− 0.0001 (− 1.4361)	0.0163 * (1.9385)	0.0401 (1.2352)
Msholder	− 0.0498 (− 0.5347)	1.0979 ** (2.2109)	− 0.0001 (− 0.8378)	− 0.0003 (− 0.7191)	0.0869 (1.4805)	0.4546 *** (2.9309)
Bmarket	0.1535 *** (8.9632)	0.1454 *** (2.6459)	− 0.0002 *** (− 11.3635)	− 0.0001 * (− 1.7703)	0.0503 *** (4.4292)	0.0442 (0.8769)
Indboard	0.0594 (0.3016)	− 0.2532 (− 0.3374)	0.0002 (0.7220)	0.0022 (1.0937)	− 0.0107 (− 0.0822)	0.4746 (1.1682)
Dual	− 0.0014 (− 0.0599)	− 0.0626 (− 0.6853)	0.0012 (0.9224)	0.0002 (0.9592)	− 0.0153 (− 0.9018)	− 0.1412 *** (− 2.7160)
Age	0.3963 *** (9.4743)	0.3614 * (1.8984)	0.0004 *** (6.0368)	0.0005 (1.5978)	− 0.0569 *** (− 4.2369)	− 0.1152 *** (− 2.5807)
First	0.0005 (0.3773)	− 0.0002 (− 0.0499)	− 0.0000 *** (− 2.9198)	− 0.0000 * (− 1.9337)	− 0.0006 (− 1.2633)	0.0001 (0.0676)
TobinQ	− 0.0665 *** (− 5.7542)	− 0.0373 (− 0.9766)	0.0001 *** (6.1609)	− 0.0003 (− 0.2706)	0.0563 *** (7.0426)	0.0379 (1.2928)
Roa	0.3048 * (1.6542)	1.7352 ** (2.3179)	0.0002 (1.0756)	0.0021 * (1.7670)	− 0.1348 (− 0.7776)	− 0.2937 (− 0.4235)
Dturn	− 0.3286 *** (− 20.9804)	− 0.1961 *** (− 3.0687)	− 0.0001 ** (− 2.2596)	0.0012 (0.1364)	− 0.1214 *** (− 6.5485)	− 0.0294 (− 0.5662)
Ret	− 0.3295 *** (− 15.3238)	− 0.3614 *** (− 5.4974)	− 0.0004 *** (− 7.3152)	− 0.0003 *** (− 3.0580)	− 1.1583 *** (− 52.1667)	− 1.1299 *** (− 15.7281)
Soe	0.0048 (0.0760)	− 0.2309 (− 1.0823)	0.0001 (1.0151)	− 0.0001 (− 0.7449)	− 0.0683 *** (− 3.8429)	− 0.1481 (− 1.6243)
Big4	0.02240 (0.2776)	− 0.1972 (− 0.6620)	− 0.0001 ** (− 2.1302)	− 0.0002 (− 1.1383)	− 0.0249 (− 0.7914)	0.1433 (1.2278)

续表

变量	（1）存在管理层动机 Syn	（2）不存在管理层动机 Syn	（3）存在管理层动机 Liquidity	（4）不存在管理层动机 Liquidity	（5）存在管理层动机 NCSKEW	（6）不存在管理层动机 NCSKEW
Media	− 0. 1076 *** （− 10. 4821）	− 0. 1187 *** （− 2. 8956）	0. 0001 *** （2. 7143）	− 0. 0001 （− 1. 0186）	− 0. 0058 （− 0. 8041）	− 0. 0501 ** （− 2. 0807）
Analyst	0. 0205 ** （2. 3212）	0. 0218 （0. 5353）	0. 0001 *** （6. 0572）	0. 0001 （0. 8194）	0. 0471 *** （5. 8657）	0. 0234 （0. 8992）
cons	0. 2814 （0. 5052）	− 0. 0840 （− 0. 0504）	− 0. 0085 *** （− 3. 8139）	− 0. 0040 ** （− 2. 1978）	− 0. 1940 （− 0. 8489）	− 0. 4665 （− 0. 5567）
Year	Yes	Yes	Yes	Yes	Yes	Yes
Industry	Yes	Yes	Yes	Yes	Yes	Yes
N	6344	10288	6196	10193	6292	10294
Adj. R^2	0. 3352	0. 3529	0. 1676	0. 4296	0. 2102	0. 2768

注：① ***、**、* 分别代表在 1%、5%、10% 水平上显著；② 括号内的数值是 t 统计量。

6.5　本章小结

　　本章主要考虑了年报语调的可靠性对研究结果的影响，从年报可读性、语调与业绩是否一致以及股权激励三个方面分析年报语调的可靠性，考察年报语调对资本市场定价效率的作用效果以及差异。（1）年报可读性。可读性高的年报更易于投资者理解，年报更可靠，投资者更容易辨别是非。相反，当年报可读性低时，管理层出于机会主义动机会策略性披露。实证结果发现，当年报可读性低时，年报净正面语调和年降低资本市场定价效率（提高股价同步性、降低股票流动性和加剧股价崩盘风险）的作用更加明显。（2）语调与业绩是否一致。当语调与业绩不一致时，年报净正面语调降低资本市场定价效率的作用更加明显。（3）管理层动机。当上市公司存在管理层动机时，年报语调的可靠性降低，年报净正面语调降低资本市场定价效率的作用更加明显。

第 7 章
公司层面特质性信息传递分析

7.1　基于负面语调的公司层面特质性信息传递分析

7.1.1　问题的提出

上市公司净正面语调提高了股价同步性，降低了股票流动性和股价崩盘风险，从而降低了资本市场定价效率。这主要是因为管理层为了隐藏负面信息而进行的语言上的操纵行为，也就是说，年报净正面语调包含了较少的公司特质信息。根据印象管理理论，上市公司的正面语调是管理层进行策略性披露的结果，那么年报负面语调应该是管理层相对"诚实"的表现，即年报负面语调可以对外呈现更多公司层面信息。因此，本书进一步对年报净负面语调对资本市场定价效率的影响进行检验。

7.1.2　理论分析与研究假设

知情者的信息会反映在资本市场中，一般认为，若股价可以充分表现出企业的经营态势、后期计划以及风险等特质信息，那么投资者会根据这些信息对企业价值进行客观预测，提高资本市场定价效率。然而，这种信息传递作用的前提是内外部信息是对称的。但是，现实中，满足对称的要求是不可能的（Stigliz，1988）。也就是说，股价信息含量的高低依赖于公司信息融入股价的多少，以及有多少信息被投资者知晓。然而，由于代理关系的存在，管理层不愿他人知晓负面信息，公布这些信息具有较高的成本，管理层是否披露负面信息需要对事后所带来的后果进行权衡（Verrecchia，1983）。基于心理学框架效应理论，投资者的感知与上市公司的年报语调存在着"同化"和"顺应"机制（李世刚和蒋尧明，2020）。上市公司通常会对负面信息进行模糊披露，企业一旦披露负面信息，意味企业背后具有较高的风险（Jones，2007），所以投资者需要对其"顺藤摸瓜"进行深度的挖掘。达和陈（2007）发现，文本中的负面语气更具有丰富的信息含量。张淑惠等（2021）发现，当年报语调较为负面时，投资者会意识到公司可能存在较大风险。朱琳等（2021）发现，当公司表达信息倾向于消极情绪时，投资者会认为此信息可靠，因为公司是不会轻易披露这些信息的，相应地，市场也会产生剧烈反应。因此，负面信息会使投资者短时间内根据自己所了解到的情况调整预期，降低股价的同步性。鉴于此，提出假设 7.1：

假设 7.1：年报负面语调降低了股价同步性。

近年来学者们越发关注市场流动性对个股流动性的影响，导致二者之间出现了共变性。2015 年"千股跌停"事件就是流动性共性带来的后果。市场流动性对个股流动性的影响，主要原因是公司信息并不能在股价中体现，交易者主要依靠公共信息，而这些信息的价值是较低的，从而造成了大量的相似交易，这就是所谓的流动性共性问题。从本质上解决这一问题，最好的办法就是让公司特质信息被投资者感知和知晓。年报中的语调尤其是负面语调，可以对外呈现所面临的风险、管理层的态度，并且会减少对预期收益的不确定性。拉夫兰和麦克唐纳等（2016）在文本分析的综述中，呼吁研究者应当重点关注文本中的负面信息。黄等（2014）提出，在分析师报告中，相比于正面信息，负面信息对投资者影响更大。谢德仁和林乐（2015）认为投资者对负面语调会产生强烈的负向效果，分析师也会因此更新荐股。刘建梅（2021）提出投资者会对负面语调信息产生明显的反应。且姚颐和赵梅（2016）发现中国公司存在典型的报喜不报忧现象。相比于正面语调，年报负面语调提供的增量信息可能更具有决策参考价值。公司披露的负面语调预示着管理层可能感知到公司存在重大问题或面临诸多不确定性因素，投资者会进行深度挖掘，对负面信息进一步确认，顺藤摸瓜，会衍生出更多负面信息，投资者相应地按照所传导的负面信息动态地调整结果。此外，年报负面信息的披露在改善投资者所处信息环境的同时，也具有一定的"信号显示"功能，传递出公司具有较大风险的信号。以上论述可以看出，年报负面语调降低了内外部信息不对称，增加了股票的流动性。基于此，提出假设7.2：

假设7.2：年报负面语调提高了股票流动性。

管理层往往具有隐藏负面信息的倾向，而不断积压的负面信息会提高股价崩盘的风险。现有文献发现文本中的负面语气更具有丰富的信息含量（Dasand Chen，2007；Tetlock，2007；Tetlock et al.，2008）。管理层在编制年报时本身就有"报喜不报忧"的动机，代理问题使得管理层自愿披露负面信息的意愿较低，当管理层在年报中表达负面信息时，意味着公司确实存在着风险以及对未来的不确定性。投资者对负面语调和正面语调的反应具有非对称性，负面语调的负向反应大于正面语调的正向反应（黄萍萍和李四海，2020）。伊志宏等（2019）发现，分析师报告中的负面信息能够引起投资者的关注和市场反应，减少负面信息隐藏，降低股价崩盘风险。并且，投资者的注意力是有限的，而分析师或者机构投资者等中介对信息的剖析能力更强，通过对负面信息进行剖析和整合，及时向资本市场提供有价值的信息，负面信息反映在股价中，降低了股价崩盘的可能性。因此，负面信息会使得投资者迅速调整对股价的预期，避免股价过高过快地上涨，抑制股价崩盘风险。鉴于此，提出假设7.3：

假设7.3：年报负面语调降低了股价崩盘风险。

7.1.3 研究设计

（1）数据来源。数据来自 WINGO 和 CSMAR。对数据进行了以下筛选：删除金融类行业；删除数据缺失的企业。

（2）变量定义。

年报负面语调（Negative1）= 负面词汇数/年报总词汇数

年报负面语调（Negative2）= 负面词汇数/（正面词汇数 + 负面词汇数）

（3）构建实证模型。为了检验年报语调对资本市场定价效率的影响，建立模型式（7.1）、模型式（7.2）、模型式（7.3）：

$$Syn_{it} = \beta_0 + \beta_1 Negative1_{it} / Negative2_{it} + \beta_2 Controls_{it}$$
$$+ \lambda \sum Ind + \gamma \sum Year + \varepsilon_{i,t} \tag{7.1}$$

$$Liquidity_{it} = \beta_0 + \beta_1 Negative1_{it} / Negative2_{it} + \beta_2 Controls_{it}$$
$$+ \lambda \sum Ind + \gamma \sum Year + \varepsilon_{i,t} \tag{7.2}$$

$$NCSKEW_{it} = \beta_0 + \beta_1 Negative1_{it} / Negative2_{it} + \beta_2 Controls_{it}$$
$$+ \lambda \sum Ind + \gamma \sum Year + \varepsilon_{i,t} \tag{7.3}$$

7.1.4 实证分析结果

（1）年报负面语调与股价同步性。进一步实证检验了年报负面语调（Negative）与股价同步性（Syn）的关系，估计结果如表 7.1 所示。年报负面语调用负面词汇数除以年报总词数（Negative1、Negative2）。可以看出，企业年报负面语调（Negative1）与 Syn 的系数为 - 4.5568，且显著，第（2）列年报负面语调（Negative2）系数为 - 1.2447，保持较高的显著性，表明年报的负面语调能够显著降低企业的股价同步性。当管理层披露更多的负面语调时，预示着管理层感知到了当前企业自身存在的问题以及未来面对的很多不确定性和波动性，进而传达出了更多的悲观情绪。这一增量信息对于投资者来说十分重要。因此，负面信息会成为投资者的特质信息，降低了股价同步性，假设 7.1 得到验证。

表 7.1　　　　　　　　年报负面语调与股价同步性

变量	(1) Syn	(2) Syn
Negative1	-4.5568 *** (-4.4303)	
Negative2		-1.2447 *** (-6.6672)
Lev	-0.5781 *** (-14.4724)	-0.5787 *** (-14.5171)
Size	0.0619 *** (6.6924)	0.0646 *** (6.9910)
Cash	0.102 (1.3464)	0.110 (1.4507)
Growth	-0.0347 *** (-4.8708)	-0.0353 *** (-4.9642)
Msholder	-0.0505 (-1.0949)	-0.0566 (-1.2280)
Bmarket	0.1637 *** (17.5881)	0.1648 *** (17.6668)
Indboard	0.133 (1.2608)	0.114 (1.0818)
Dual	0.0184 (1.3424)	0.0178 (1.2992)
Age	0.1263 *** (11.6984)	0.1289 *** (11.9632)
First	-0.0013 *** (-3.1300)	-0.0012 *** (-2.9979)

续表

变量	(1) Syn	(2) Syn
TobinQ	− 0. 0464 *** (− 6. 4314)	− 0. 0455 *** (− 6. 3026)
Roa	0. 4148 *** (2. 9949)	0. 3793 *** (2. 7336)
Dturn	− 0. 2406 *** (− 17. 1573)	− 0. 2407 *** (− 17. 1720)
Ret	− 0. 3924 *** (− 21. 2305)	− 0. 3937 *** (− 21. 3153)
Soe	0. 1556 *** (10. 5092)	0. 1569 *** (10. 6273)
Big4	− 0. 1347 *** (− 4. 7295)	− 0. 1272 *** (− 4. 5657)
Media	− 0. 0604 *** (− 10. 3627)	− 0. 0595 *** (− 10. 2325)
Analyst	0. 0351 *** (5. 2963)	0. 0335 *** (5. 0563)
cons	− 1. 3935 *** (− 6. 8078)	− 1. 1586 *** (− 5. 5378)
Year	Yes	Yes
Industry	Yes	Yes
N	16632	16632
Adj. R^2	0. 3213	0. 3222

注：①***、**、*分别代表在1%、5%、10%水平上显著；②括号内的数值是 t 统计量。

（2）年报负面语调与股票流动性。年报负面语调（Negative1、Negative2）与股票流动性（Liquidity）的关系，估计结果如表 7. 2 所示。从回归结果可以看出，企业年报负面语调（Negative1）与股票流动性（Liquidity）的回归系数为 0. 0040，企业年报负面语调（Negative2）与股票流动性（Liquidity）的回归系数为 0. 0010，均在 1% 的水平上显著。说明年报负面语调为投资者提供了有用的信息，从而提高了流动性，假设 7. 2 得到验证。

表7.2   年报负面语调与股票流动性

变量	(1) *Liquidity*	(2) *Liquidity*
*Negative*1	0.0040 *** (3.7929)	
*Negative*2		0.0010 *** (5.3337)
Lev	−0.0042 *** (−4.0967)	−0.0039 *** (−4.0878)
Size	0.0003 *** (23.2432)	0.0003 *** (23.1227)
Cash	0.0001 (1.3345)	0.0001 (1.2569)
Growth	−0.0000 ** (−2.2819)	−0.0000 ** (−2.2343)
Msholder	−0.0033 (−0.7248)	−0.0029 (−0.6550)
Bmarket	−0.0002 *** (−16.1532)	−0.0002 *** (−16.2525)
Indboard	0.0002 (0.2425)	0.0001 (0.3994)
Dual	0.0001 (0.9871)	0.0001 (1.0268)
Age	0.0001 *** (5.2883)	0.0001 *** (5.1394)
First	−0.0000 *** (−8.4158)	−0.0000 *** (−8.4688)
TobinQ	0.0001 *** (9.8085)	0.0001 *** (9.7323)
Roa	0.0001 (0.3261)	0.0001 (0.5302)
Dturn	−0.0001 *** (−3.2432)	−0.0001 *** (−3.2369)

续表

变量	(1) *Liquidity*	(2) *Liquidity*
Ret	− 0.0005 *** （− 7.9868）	− 0.0005 *** （− 7.9700）
Soe	0.0000 * （1.7605）	0.0000 * （1.7340）
*Big*4	− 0.0001 *** （− 7.8332）	− 0.0001 *** （− 8.6878）
Media	0.0000 *** （5.6589）	0.0000 *** （5.5440）
Analyst	0.0001 *** （7.9113）	0.0001 *** （8.0545）
cons	− 0.0082 *** （− 4.3425）	− 0.0084 *** （− 4.8569）
Year	Yes	Yes
Industry	Yes	Yes
N	16389	16389
Adj. R^2	0.1990	0.1996

注：①***、**、*分别代表在1%、5%、10%水平上显著；②括号内的数值是 t 统计量。

（3）年报负面语调与股价崩盘风险。年报负面语调（*Negative*1、*Negative*2）与股价崩盘风险（*NCSKEW*）的关系，估计结果如表7.3所示。回归结果显示，企业年报负面语调（*Negative*1）与 *NCSKEW* 的回归系数是 − 2.8553，年报负面语调（*Negative*2）与 *NCSKEW* 的回归系数是 − 0.5651，均在5%的水平上显著。说明负面的语调具有信息含量，投资者从年报文本中感知企业的负面信息。负面信息相较于正面信息，管理层并不希望负面的信息被投资者感知到，会对一些关键的信息模糊披露或者选择回避披露。所以，当年报披露更多的负面信息时，投资者可能会感知到当前企业存在重大问题或者面临未来战略调整等诸多不确定性因素，从而导致企业存在更大的不确定性和波动性，这为投资者提供了公司特质信息，一定程度上抑制了负面信息集中爆发的风险，假设7.3得到验证。

表 7.3   年报负面语调与股价崩盘风险

变量	(1) NCSKEW	(2) NCSKEW
Negative1	- 2. 8553 ** (- 2. 4250)	
Negative2		- 0. 5651 ** (- 2. 5563)
Lev	- 0. 1914 *** (- 3. 9174)	- 0. 1156 ** (- 2. 4779)
Size	- 0. 0134 (- 1. 3910)	- 0. 0226 ** (- 2. 1717)
Cash	- 0. 0854 (- 1. 0655)	0. 0882 (0. 9900)
Growth	0. 0116 (1. 3613)	0. 0177 ** (2. 1827)
Msholder	0. 1131 ** (1. 9827)	0. 1219 ** (2. 2128)
Bmarket	0. 0279 ** (2. 5311)	0. 0516 *** (4. 6638)
Indboard	0. 0117 (0. 0889)	0. 0381 (0. 3066)
Dual	- 0. 0306 * (- 1. 7887)	- 0. 0240 (- 1. 4878)
Age	- 0. 0871 *** (- 6. 6014)	- 0. 0596 *** (- 4. 6289)
First	0. 0001 (0. 2178)	- 0. 0006 (- 1. 2145)
TobinQ	0. 0568 *** (7. 4718)	0. 0548 *** (7. 1258)
Roa	- 0. 9285 *** (- 5. 4537)	- 0. 115 (- 0. 6889)
Dturn	0. 0421 ** (2. 4413)	- 0. 1122 *** (- 6. 4350)

续表

变量	(1) NCSKEW	(2) NCSKEW
Ret	− 0. 7221 *** (− 41. 0629)	− 1. 1569 *** (− 54. 6104)
Soe	− 0. 0468 *** (− 2. 6068)	− 0. 0710 *** (− 4. 1070)
Big4	− 0. 0398 (− 1. 2299)	− 0. 0145 (− 0. 4735)
Media	0. 0269 *** (3. 9590)	− 0. 00840 (− 1. 2139)
Analyst	0. 0339 *** (4. 9224)	0. 0464 *** (6. 0525)
cons	0. 2938 (1. 3487)	0. 1312 (0. 5451)
Year	Yes	Yes
Industry	Yes	Yes
N	16586	16586
Adj. R^2	0. 2123	0. 2126

注：① *** 、 ** 、 * 分别代表在 1% 、5% 、10% 水平上显著；②括号内的数值是 t 统计量。

7.2　基于基本面的公司层面特质性信息传递分析

如果年报净正面语调包含公司特质信息，那么其会对公司股票价值与企业价值产生影响。采用市盈率（PE）度量股票价值，使用 TobinQ 度量企业价值。市盈率（PE）等于股价除以每股收益，TobinQ 等于公司市场价值对其资产重置成本的比值。将被解释变量替换为股票价值和企业价值，对年报净正面语调是否含有较多的公司特质信息进行检验。

7.2.1　年报净正面语调与公司股票价值

表7.4为年报净正面语调与公司股票价值的回归检验结果，结果显示，在股价同步性、股票流动性和股价崩盘风险样本中，年报净正面语调（ $Tone1$ 、 $Tone2$ ）与公司股票价值（ PE ）均不显著，即上市公司净正面语调所包含的信息并没有传递到股票价值上。

表7.4　　　　公司特质信息传递的分析——公司股票价值

变量	股价同步性样本		股票流动性样本		股价崩盘风险样本	
	(1) PE	(2) PE	(3) PE	(4) PE	(5) PE	(6) PE
$Tone1$	-0.0417 (-0.5338)		-0.0504 (-0.5483)		-0.0702 (-0.7652)	
$Tone2$		-0.0033 (-0.3129)		-0.0038 (-0.3053)		-0.0061 (-0.4872)
Lev	0.0123** (2.3936)	0.0122** (2.3882)	0.0117* (1.7605)	0.0116* (1.7549)	0.0112** (2.0475)	0.0111** (2.0381)
$Size$	-0.0069*** (-4.4662)	-0.0069*** (-4.4725)	-0.0111*** (-4.2899)	-0.0112*** (-4.2916)	-0.0072*** (-4.4021)	-0.0072*** (-4.4140)
$Cash$	0.0306*** (5.9088)	0.0306*** (5.9172)	0.0365*** (6.3902)	0.0365*** (6.4006)	0.0313*** (5.8006)	0.0314*** (5.8116)
$Growth$	0.0021*** (4.1977)	0.0021*** (4.1967)	0.0023*** (3.8325)	0.0023*** (3.8316)	0.0024*** (4.3551)	0.0024*** (4.3524)
$Msholder$	0.0100** (2.2606)	0.0100** (2.2596)	0.0110* (1.8931)	0.0110* (1.8920)	0.0106** (2.2783)	0.0106** (2.2801)
$Bmarket$	0.0017 (0.0107)	0.0020 (0.0204)	-0.0023 (-1.1861)	-0.0023 (-1.1765)	0.0005 (0.3115)	0.0005 (0.3258)
$Indboard$	0.0092 (0.7544)	0.0092 (0.7566)	0.0138 (0.8139)	0.0139 (0.8158)	0.0077 (0.5999)	0.0078 (0.6017)

续表

变量	股价同步性样本		股票流动性样本		股价崩盘风险样本	
	(1) PE	(2) PE	(3) PE	(4) PE	(5) PE	(6) PE
Dual	- 0. 0004 (- 0. 2668)	- 0. 0004 (- 0. 2676)	- 0. 0006 (- 0. 3638)	- 0. 0006 (- 0. 3647)	0. 0001 (0. 0373)	0. 0001 (0. 0374)
Age	- 0. 0068 *** (- 3. 0880)	- 0. 0068 *** (- 3. 0873)	- 0. 0060 ** (- 2. 2175)	- 0. 0060 ** (- 2. 2194)	- 0. 0062 ** (- 2. 4686)	- 0. 0063 ** (- 2. 4897)
First	0. 0002 ** (2. 0535)	0. 0002 ** (2. 0544)	0. 0002 * (1. 7844)	0. 0002 * (1. 7858)	0. 0001 * (1. 6964)	0. 0001 * (1. 6957)
Roa	0. 1144 *** (8. 8605)	0. 1141 *** (8. 8434)	0. 1372 *** (6. 3784)	0. 1368 *** (6. 3744)	0. 1070 *** (7. 9394)	0. 1065 *** (7. 9129)
Dturn	- 0. 0014 ** (- 2. 3569)	- 0. 0014 ** (- 2. 3471)	- 0. 0019 *** (- 2. 5930)	- 0. 0019 *** (- 2. 5823)	- 0. 000800 (- 1. 3644)	- 0. 000800 (- 1. 3553)
Ret	0. 0081 *** (9. 7778)	0. 0081 *** (9. 7783)	0. 0084 *** (5. 5004)	0. 0084 *** (5. 4979)	0. 0080 *** (9. 7270)	0. 0080 *** (9. 7271)
Soe	- 0. 0088 ** (- 1. 9636)	- 0. 0088 ** (- 1. 9626)	- 0. 0147 (- 1. 4477)	- 0. 0147 (- 1. 4473)	- 0. 0108 ** (- 2. 3493)	- 0. 0107 ** (- 2. 3480)
Big4	0. 0004 (0. 0870)	0. 0004 (0. 0805)	- 0. 0001 (- 0. 0081)	- 0. 0001 (- 0. 0152)	0. 00310 (0. 7249)	0. 00310 (0. 7144)
Media	- 0. 0002 (- 0. 3106)	- 0. 0002 (- 0. 3034)	0. 0006 (0. 7326)	0. 0006 (0. 7389)	0. 0002 (0. 2656)	0. 0002 (0. 2762)
Analyst	0. 0012 ** (2. 4175)	0. 0012 ** (2. 4066)	0. 0010 * (1. 7114)	0. 0010 * (1. 6982)	0. 0010 ** (1. 9869)	0. 0010 ** (1. 9729)
cons	0. 1711 *** (4. 6378)	0. 1713 *** (4. 6404)	0. 2626 *** (4. 2680)	0. 2628 *** (4. 2685)	0. 1887 *** (4. 4468)	0. 1895 *** (4. 4640)
Year	Yes	Yes	Yes	Yes	Yes	Yes
Industry	Yes	Yes	Yes	Yes	Yes	Yes
N	16632	16632	16389	16389	16586	16586
Adj. R^2	0. 0627	0. 0627	0. 0554	0. 0553	0. 0606	0. 0606

注：① *** 、 ** 、 * 分别代表在 1% 、5% 、10% 水平上显著；②括号内的数值是 t 统计量。

7.2.2 年报净正面语调与公司价值

表7.5为年报净正面语调与公司价值的回归检验结果，结果显示，在股价同步性、股票流动性和股价崩盘风险样本中，年报净正面语调（$Tone1$、$Tone2$）与公司价值（$TobinQ$）均显著为负，即上市公司净正面语调对公司价值产生了负面影响。以上结果显示出，年报正面语言含有的特质信息较少，不能传递到公司股票价值和企业价值中，进一步说明了管理层在披露年报信息时，会操纵年报语调。再次验证了前面的结论。

表7.5 公司特质信息传递的分析——公司价值

变量	股价同步性样本		股票流动性样本		股价崩盘风险样本	
	（1） $TobinQ$	（2） $TobinQ$	（3） $TobinQ$	（4） $TobinQ$	（5） $TobinQ$	（6） $TobinQ$
$Tone1$	− 2.4162 ** （− 1.9943）		− 2.4628 ** （− 2.0280）		− 2.2735 * （− 1.7129）	
$Tone2$		− 0.3050 * （− 1.8160）		− 0.3105 * （− 1.8454）		− 0.2863 （− 1.5446）
Lev	0.3313 *** （3.3419）	0.3310 *** （3.3385）	0.3244 *** （3.2751）	0.3241 *** （3.2715）	0.2584 ** （2.4320）	0.2580 ** （2.4281）
$Size$	− 0.6840 *** （− 22.8222）	− 0.6842 *** （− 22.8192）	− 0.6843 *** （− 22.7639）	− 0.6845 *** （− 22.7611）	− 0.6950 *** （− 22.5497）	− 0.6953 *** （− 22.5517）
$Cash$	0.0937 （1.1010）	0.0945 （1.1094）	0.0959 （1.1288）	0.0967 （1.1373）	0.0817 （0.9316）	0.0824 （0.9388）
$Growth$	− 0.0188 ** （− 2.3816）	− 0.0188 ** （− 2.3811）	− 0.0188 ** （− 2.3939）	− 0.0188 ** （− 2.3932）	− 0.0189 ** （− 2.2861）	− 0.0189 ** （− 2.2860）
$Msholder$	− 0.2886 *** （− 3.1257）	− 0.2885 *** （− 3.1237）	− 0.2859 *** （− 3.0905）	− 0.2858 *** （− 3.0887）	− 0.2732 *** （− 2.9729）	− 0.2731 *** （− 2.9700）
$Bmarket$	0.0918 *** （6.2505）	0.0920 *** （6.2556）	0.0918 *** （6.2362）	0.0919 *** （6.2412）	0.1321 *** （8.8361）	0.1322 *** （8.8391）

续表

变量	股价同步性样本		股票流动性样本		股价崩盘风险样本	
	（1）	（2）	（3）	（4）	（5）	（6）
	TobinQ	TobinQ	TobinQ	TobinQ	TobinQ	TobinQ
Indboard	0.1081	0.1094	0.1054	0.1063	0.0777	0.0783
	(0.5301)	(0.5338)	(0.5165)	(0.5203)	(0.3726)	(0.3755)
Dual	0.0157	0.0157	0.0137	0.0137	0.00930	0.00930
	(0.7141)	(0.7132)	(0.6254)	(0.6244)	(0.4046)	(0.4040)
Age	0.8597 ***	0.8587 ***	0.8614 ***	0.8604 ***	0.9321 ***	0.9311 ***
	(20.0911)	(20.0848)	(20.1063)	(20.0997)	(19.4721)	(19.4748)
First	−0.0033 **	−0.0033 **	−0.0033 **	−0.0033 **	−0.0033 **	−0.0033 **
	(−2.4777)	(−2.4774)	(−2.5119)	(−2.5116)	(−2.3699)	(−2.3702)
Roa	1.9300 ***	1.9264 ***	1.9140 ***	1.9104 ***	1.8650 ***	1.8616 ***
	(9.1380)	(9.1186)	(8.9880)	(8.9681)	(8.5171)	(8.4957)
Dturn	−0.1299 ***	−0.1299 ***	−0.1303 ***	−0.1302 ***	−0.1476 ***	−0.1476 ***
	(−9.8337)	(−9.8266)	(−9.8462)	(−9.8390)	(−10.3797)	(−10.3754)
Ret	0.7439 ***	0.7440 ***	0.7459 ***	0.7459 ***	0.7555 ***	0.7556 ***
	(38.9627)	(38.9630)	(38.6822)	(38.6820)	(39.0228)	(39.0221)
Soe	−0.1082 *	−0.1080 *	−0.1086 *	−0.1084 *	−0.1179 *	−0.1177 *
	(−1.7461)	(−1.7433)	(−1.7526)	(−1.7497)	(−1.8888)	(−1.8866)
Big4	0.0844	0.0842	0.0846	0.0845	0.0866	0.0864
	(1.0237)	(1.0218)	(1.0270)	(1.0250)	(1.1142)	(1.1111)
Media	0.1082 ***	0.1083 ***	0.1082 ***	0.1083 ***	0.1058 ***	0.1059 ***
	(11.0182)	(11.0218)	(10.9757)	(10.9793)	(10.2676)	(10.2716)
Analyst	0.0877 ***	0.0876 ***	0.0875 ***	0.0874 ***	0.0790 ***	0.0790 ***
	(11.1273)	(11.1217)	(11.1120)	(11.1064)	(9.7499)	(9.7456)
cons	14.1583 ***	14.1633 ***	14.1708 ***	14.1760 ***	13.8108 ***	13.8205 ***
	(4.7345)	(4.7387)	(4.6819)	(4.6865)	(3.5963)	(3.6139)
Year	Yes	Yes	Yes	Yes	Yes	Yes
Industry	Yes	Yes	Yes	Yes	Yes	Yes
N	16632	16632	16389	16389	16586	16586
Adj. R^2	0.4904	0.4904	0.4899	0.4899	0.4984	0.4984

注：①***、**、*分别代表在1%、5%、10%水平上显著；②括号内的数值是 t 统计量。

7.3　本章小结

本章进一步探讨了基于负面语调的公司层面特质性信息的传递，实证检验了年报负面语调对资本市场定价效率的影响，包括股价同步性、股票流动性和股价崩盘风险。研究发现，年报负面语调能够提高资本市场定价效率，主要体现为年报负面语调降低了股价同步性，提高了股票流动性，降低了股价崩盘风险。并且，进一步检验了公司特质信息的传递，发现年报净正面语调与公司股票价值不显著，同公司价值存在显著的负向关系，发现年报净正面语调包含的特质信息较少。

第 8 章
研究结论与政策建议

8.1　研究结论

以 2012～2019 年 A 股上市公司为样本，采用 CSMAR、WIND 和 WINGO 的数据，理论分析和实证检验了年报语调，对股价同步性、股票流动性和股价崩盘风险的影响、影响机制以及异质性分析。基于此，得出以下研究结论：

（1）年报语调对股价同步性的影响。基于基础理论，探究了年报净正面语调对股价同步性的因果效应。实证分析利用多元回归以及工具变量法和 Heckman 检验等一系列稳健性检验后，实证结果表明，年报净正面语调提高了股价同步性，说明年报净正面语调降低了资本市场定价效率。

（2）年报语调对股票流动性的影响。基于相关理论和实证模型探究了二者的关系。研究发现，年报净正面语调降低了股票流动性，再次证明了年报净正面语调降低了资本市场定价效率。

（3）年报语调对股价崩盘风险的影响。基于相关理论和实证模型考察了二者的关系。研究发现，年报净正面语调加剧了股价崩盘风险，进一步证明年报净正面语调降低了资本市场定价效率。

（4）年报语调与资本市场定价效率：机制检验。第 4 章分析了年报语调对资本市场定价效率的影响。那么年报语调影响定价效率（股价同步性、股票流动性和股价崩盘风险）是通过何种渠道呢？本书考虑了两个方面——公司信息透明度和投资者情绪。其中，年报正面语调并不代表公司良好的前景，可能是管理层为了一己私利而策略性披露的结果，不仅有损于信息透明度而且影响投资者情绪。本书利用中介模型对该机制进行了检验，结果表明，年报净正面语调降低了信息透明度并引起投资者情绪高涨，从而降低了资本市场定价效率。

（5）年报语调与资本市场定价效率：可靠性分析。在这部分主要考察了年报语调的可靠性，从年报可读性、语调与公司业绩是否一致以及公司是否存在管理层动机三个方面衡量语调的可靠性。研究发现，当年报可靠性较低时，即年报可读性低、语调与公司业绩不一致、企业存在管理层动机的情况下，年报净正面语调降低资本市场定价效率（提高股价同步性、降低股票流动性和加剧股价崩盘风险）的作用更明显。

（6）进一步探讨了年报负面语调对资本市场定价效率的影响，年报负面语调意味着企业背后具有较高的风险，所以投资者需要对其"顺藤摸瓜"进行深度的挖掘，降低了股价同步性，提高了股票流动性，降低了股价崩盘风险，进而提高了资本市场定价效率。并且，进一步检验了公司特质信息的传递，发现年报净正面语调与公司股票价值不显著，与公司价值显著负相关，证明了年报净正面语调中公司特质性信息较少，无法较好地传递到资本市场中，从而损害了资本市场定价效率。

8.2 政策建议

信息披露是实现资本市场信息传递，保证资源有效配置的根本所在，年报文本信息披露显得格外重要。本书深入剖析了年报语调对定价效率的影响。对证监会监管机制、投资者投资决策以及上市公司年报信息披露具有重要的指导意义。因此，从信息监管方（监管机构）、信息供给方（上市公司）和信息使用者（投资者）三个方面提出建议：

第一，监管部门加强监管。本书得出结论，年报净正面语调降低了资本市场定价效率，说明管理层出于自利动机，可能会对上市公司年报语调进行一定程度的积极操纵。在信息监管方面，我国对年报文本信息的披露要求相较于发达国家仍然存在着不足，在新修订的《证券法》中只是简单要求"简明清晰，通俗易懂"，上市公司在制定年报时仍存在裁量空间。(1) 监管层应当利用当前信息技术和人工智能的普及，制定详细的文本信息披露机制，细化文本信息披露的内容和格式，规范语言语调的使用，避免模糊性词语的使用，制止上市公司信息披露不充分、避重就轻等现象，减少企业打信息擦边球的可能性，禁止用明显夸张的词汇凸显业绩，最大限度地降低管理层对负面信息的修饰与隐藏，提高企业信息透明度。(2) 管理层应当从法律层面明确文本信息披露主体的责任，明确建立文本信息操纵的违规处罚机制，对操纵行为和不真实披露的行为，加大其惩罚力度，当文本信息披露出现虚假信息，需要与财务信息舞弊受到同样的惩罚，以实现会计信息引导作用。(3) 管理层应当引入第三方进行鉴定，如审计。当前审计机构对于文本信息只是停留在阅读层面，并不影响审计意见类型。因此，可以考虑将文本信息纳入鉴证的范围之中，通过专业的审计师来确定年报文本信息是否真实可靠，降低企业舞弊的风险。(4) 针对不同行业的企业，依据行业特性有针对性地披露相关内容，防止过分突出抑或隐藏相关信息导致年报语调的失真。

第二，文本信息具有一定的灵活性，管理层为了一己私利会进行策略性披露，恶化了公司与资本市场的信息不对称，最终会损害信息传递和配置功能。因此，对于企业而言：(1) 公司应当严格按照会计准则要求执行，确保内容准确和完整。企业应当坚持谨慎性原则，不高估资产不低估费用，减少语调膨胀和发布异常文本内容，尤其是当业绩不佳的时候，应当披露与数字信息相匹配的文本语调，表现为中性或者悲观的情感倾向，避免有意调整语调。(2) 上市公司在披露年报文本信息时应当使用简明扼要、清晰易懂的简单语句，减少转折词汇和较多的修辞手法，提高可读性。(3) 虽然管理层掌握着信息披露的主动权,但管理层应当充分认识到不断累积的信息操纵行为可能使企业失去投资者的拥护,失去得到资源的能力,加大了失败破产的几率。(4) 上市公司应当加强描述性创新信息、风险信息以及前瞻性等特质信息的披露,因为这些信息不仅能够预示企业未来的发展潜力,而且能预示企业可能面临的风险,是外部信息使用者估值的重要依据。而且,企业在文本中披露较多的特质信息能够增强投资者的价值认同,引发正向的长期市场反应。

第三,年报信息是投资者进行估值的重要依据,所以年报语调对于投资者来说至关重要,如何分辨语调是否真实可靠显得尤为关键。(1) 投资者不仅关注公司财务数据,还应当深入挖掘公司年报中披露的文本信息,将文本信息与财务数据相互佐证,挖掘利用有用信息。(2) 目前我国资本上存在着大多散户投资者,其没有专业的团队且欠缺投资经验,只能通过媒体和分析师等信息中介了解企业的详细情况。当信息中介发表的评论与企业的语调不一致时,应当引起投资者的注意,挖掘更多的信息以证真伪。(3) 重视其他的信息披露方式,比如业绩说明会,其具有实时性,会议上的问题不是提前预知的,是根据动态开展随机提问的,这对于管理层是被动乃至突然的;而且,业绩说明会尚未对参与者提出严格条件,只要是感兴趣的投资者均可以匿名参加该公司的业绩说明会,提出关心和感兴趣的问题,管理层不会选择性地回答问题,实现对投资者的公平对待。(4) 不要被年报正面的信息蒙蔽双眼,要多渠道确认信息,识别管理层的机会主义行为,避免一味重视数字信息而忽视文字信息所隐蔽的非公允信息,从而做出理性的决策判断。(5) 年报语调是否真实可靠需要投资者用专业知识去甄别,因此,投资者应当不断加强学习,用知识保护自己的权益。

8.3　研究局限与研究展望

第一,在实证中所使用的年报语调是按照 LM 词典情感词汇进行计算的。由于国内外语言的差异，即使对 LM 词典情感词汇翻译得很准确，也难免会有语义偏差，可能无法表达出母语原有的语境，而且文字的不同顺序可能会传递出不同的情感。并且，我国应用的情感词汇与国外有所差别，但是因为我国对年报语调的研究仍处于起步阶段，并没有形成较为权威的情感词汇列表，所以本书直接应用的是美国词汇列表，有局限性。此外，没有考虑否定之否定即肯定等语言的表达习惯，其会影响年报语调衡量的准确性。未来会进一步利用前沿的技术学习和挖掘年报文本中所蕴含的信息，提高变量度量的精度。

第二，虽然综合地从股价同步性、股票流动性和股价崩盘风险进行资本市场定价效率的分析，但是这三者之间可能有关联性，而本书并未对其进行对比研究。而且能够反映资本市场定价效率的指标还有很多，但是由于篇幅原因，本书只选择了股价同步性、股票流动性和股价崩盘风险，未来可以进一步研究，从而更加深入地认识和理解资本市场定价效率。

第三，本书发现年报语调通过信息透明度和投资者情绪影响定价效率，但我们不容忽视的是，投资者获取的信息是公共信息，还是真正深度分析了年报语调信息，还是二者都有，有待深入剖析，也是后续研究的方向。

第四，由于年报语调的特殊性，本书并没有找到理想的工具变量解决内生性问题，大多是做了大量的稳健性来验证结论的可靠性。虽然本书控制了公司层面和资本市场的多个因素，采用了 2SLS 回归和 Heckman 检验缓解内生性问题，也进行了一系列的稳健性分析，但仍然无法消除内生性带来的影响，希望在以后的研究中继续寻找适合年报语调的工具变量。

参 考 文 献

[1] 蔡传里，许家林. 上市公司信息透明度对股票流动性的影响——来自深市上市公司 2004 - 2006 年的经验证据 [J]. 经济与管理研究，2010 (8)：88 - 96.

[2] 曹廷求，张光利. 自愿性信息披露与股价崩盘风险：基于电话会议的研究 [J]. 经济研究，2020，55 (11)：191 - 207.

[3] 曾庆生，周波，张程，陈信元. 年报语调与内部人交易："表里如一"还是"口是心非"？[J]. 管理世界，2018，34 (9)：143 - 160.

[4] 陈冬华，姚振晔. 政府行为必然会提高股价同步性吗？——基于我国产业政策的实证研究 [J]. 经济研究，2018，53 (12)：112 - 128.

[5] 陈丽红，张呈，张龙平，牛艺琳. 关键审计事项披露与盈余价值相关性 [J]. 审计研究，2019 (3)：65 - 74.

[6] 陈信元，陈冬华，朱红军. 净资产、剩余收益与市场定价：会计信息的价值相关性 [J]. 金融研究，2002 (4)：59 - 70.

[7] 程晨，刘珂. 新冠肺炎疫情下资本市场的冲击研究——基于股价同步性视角 [J]. 工业技术经济，2021，40 (3)：125 - 135.

[8] 褚剑，方军雄. 中国式融资融券制度安排与股价崩盘风险的恶化 [J]. 经济研究，2016，51 (5)：143 - 158.

[9] 代昀昊，陆婷，杨薇，孔东民. 股价同步性与信息效率 [J]. 金融评论，2012，4 (1)：82 - 92.

[10] 翟淑萍，王敏，白梦诗. 财务问询函能够提高年报可读性吗？——来自董事联结上市公司的经验证据 [J]. 外国经济与管理，2020，42 (9)：136 - 152.

[11] 丁亚楠, 王建新. "浑水摸鱼" 还是 "自证清白": 经济政策不确定性与信息披露——基于年报可读性的探究 [J]. 外国经济与管理, 2021, 43 (11): 70 - 85.

[12] 董小红, 刘向强. 经济政策不确定性会影响股票流动性吗? ——基于中国上市公司的经验证据 [J]. 商业经济与管理, 2020 (8): 57 - 69.

[13] 杜兴强, 赖少娟, 杜颖洁. "发审委" 联系、潜规则与 IPO 市场的资源配置效率 [J]. 金融研究, 2013 (3): 143 - 156.

[14] 范黎波, 尚铎. 管理层语调会影响慈善捐赠吗? ——基于上市公司 "MD&A" 文本分析的研究 [J]. 经济与管理研究, 2020, 41 (2): 112 - 126.

[15] 范卓玮, 解维敏. 审计质量对资本市场定价效率的影响研究——基于股价同步性角度分析 [J]. 价格理论与实践, 2017 (6): 156 - 158.

[16] 方红星, 楚有为. 自愿披露、强制披露与资本市场定价效率 [J]. 经济管理, 2019, 41 (1): 156 - 173.

[17] 冯晓晴, 文雯, 何瑛. 控股股东股权质押会损害资本市场信息效率吗? ——来自股价同步性的经验证据 [J]. 审计与经济研究, 2020, 35 (1): 79 - 89.

[18] 甘丽凝, 陈思, 胡珉, 王俊秋. 管理层语调与权益资本成本——基于创业板上市公司业绩说明会的经验证据 [J]. 会计研究, 2019 (6): 27 - 34.

[19] 葛家澍. 国际会计的一个新动向——近几年美国 SEC FASB 和 IASC 在提高会计准则质量方面的努力 [J]. 中国工会财会, 2001 (6): 9 - 11.

[20] 郝芳静, 孙健, 谢远涛. 险资介入、投资者情绪与股价崩盘风险 [J]. 金融论坛, 2020, 25 (6): 61 - 70.

[21] 何诚颖, 陈锐, 薛冰, 何牧原. 投资者情绪、有限套利与股价异象 [J]. 经济研究, 2021, 56 (1): 58 - 73.

[22] 何荣天. 证券市场流动性指数的统一测度和应用意义 [J]. 证券市场导报, 2002 (9): 30 - 32.

［23］何孝星，叶展. 股权激励、代理冲突与股价崩盘风险——基于中国资本市场的经验证据［J］. 吉林大学社会科学学报，2017，57（5）：15－25.

［24］胡军，王甄. 微博、特质性信息披露与股价同步性［J］. 金融研究，2015（11）：190－206.

［25］花贵如，刘志远，许骞. 投资者情绪、企业投资行为与资源配置效率［J］. 会计研究，2010（11）：55－57.

［26］黄宏斌，牟韶红，李然. 上市公司自媒体信息披露与股价崩盘风险——信息效应抑或情绪效应？［J］. 财经论丛，2019（5）：53－63.

［27］黄俊，郭照蕊. 新闻媒体报道与资本市场定价效率——基于股价同步性的分析［J］. 管理世界，2014（5）：121－130.

［28］黄萍萍，李四海. 社会责任报告语调与股价崩盘风险［J］. 审计与经济研究，2020，35（1）：69－78.

［29］江轩宇，伊志宏. 审计行业专长与股价崩盘风险［J］. 中国会计评论，2013，11（2）：133－149.

［30］姜付秀，蔡欣妮，朱冰. 多个大股东与股价崩盘风险［J］. 会计研究，2018（1）：68－74.

［31］蒋学雷，陈敏，王国明，吴国富. 股票市场的流动性度量的动态 ACD 模型［J］. 统计研究，2004（4）：42－44.

［32］焦瑞新，孙学举. 中国股市涨跌停限制对投资者交易行为的影响——基于磁吸效应检验的实证研究［J］. 现代管理科学，2010（7）：57－59.

［33］金春雨，张浩博. 我国股票市场行业板块流动性的溢出效应研究［J］. 经济纵横，2016（12）：103－106.

［34］金大卫，冯璐茜. 过度自信、分析师跟进与资本市场定价效率——基于 R^2 视角的实证研究［J］. 管理评论，2016，28（12）：41－53.

［35］金智. 新会计准则、会计信息质量与股价同步性［J］. 会计研究，2010（7）：19－26.

［36］柯艳蓉，吴晓晖，李玉敏. 控股股东股权质押、股权结构与股

票流动性 [J]. 国际金融研究, 2020 (7): 87 –96.

[37] 孔东民, 申睿. R^2、异常收益与交易中的信息成分 [J]. 中大管理研究, 2008 (3): 91 –112.

[38] 李春涛, 张计宝, 张璇. 年报可读性与企业创新 [J]. 经济管理, 2020, 42 (10): 156 –173.

[39] 李昊洋, 程小可, 郑立东. 投资者情绪对股价崩盘风险的影响研究 [J]. 软科学, 2017, 31 (7): 98 –102.

[40] 李世刚, 蒋尧明. 上市公司年报文本信息语调影响审计意见吗? [J]. 会计研究, 2020 (5): 178 –192.

[41] 李世辉, 程宸, 王淑窈, 曾辉祥. 水信息披露、机构投资者与股价同步性 [J]. 财经理论与实践, 2020, 41 (6): 57 –63.

[42] 李思龙, 金德环, 李岩. 网络社交媒体提升了股票市场流动性吗? ——基于投资者互动视角的研究 [J]. 金融论坛, 2018, 23 (7): 35 –49.

[43] 李志生, 朱雯君. 信息含量、机构投资者与股价同步性——来自股票增发市场的经验证据 [J]. 中南财经政法大学学报, 2015 (5): 62 –71.

[44] 李志生, 杜爽, 林秉旋. 卖空交易与股票价格稳定性——来自中国融资融券市场的自然实验 [J]. 金融研究, 2015 (6): 173 –188.

[45] 梁上坤, 徐灿宇, 王瑞华. 董事会断裂带与公司股价崩盘风险 [J]. 中国工业经济, 2020 (3): 155 –173.

[46] 梁上坤. 媒体关注、信息环境与公司费用粘性 [J]. 中国工业经济, 2017 (2): 154 –173.

[47] 林乐, 谢德仁. 分析师荐股更新利用管理层语调吗? ——基于业绩说明会的文本分析 [J]. 管理世界, 2017 (11): 125 –145.

[48] 林乐, 谢德仁. 投资者会听话听音吗? ——基于管理层语调视角的实证研究 [J]. 财经研究, 2016, 42 (7): 28 –39.

[49] 刘飞, 吕盼盼, 张山. 女性董事对公司股价同步性影响研究——基于中国 A 股上市公司的证据 [J]. 经济与管理, 2018, 32 (5): 62 –69.

［50］刘峰，周福源．国际四大意味着高审计质量吗——基于会计稳健性角度的检验［J］．会计研究，2007（3）：79 - 87.

［51］刘海龙，仲黎明，吴冲锋．B 股向境内开放对 A、B 股流动性影响的分析［J］．系统工程学报，2002（5）：417 - 423.

［52］刘建梅，王存峰．投资者能解读文本信息语调吗？［J］．南开管理评论，2021，6：1 - 20.

［53］刘晓星，张旭，顾笑贤，姚登宝．投资者行为如何影响股票市场流动性？——基于投资者情绪、信息认知和卖空约束的分析［J］．管理科学学报，2016，19（10）：87 - 100.

［54］龙立，龚光明．投资者情绪与上市公司自愿性信息披露迎合策略——基于业绩快报行为的实证检验［J］．中南财经政法大学学报，2017（5）：96 - 104.

［55］逯东，宋昕倍，龚祎．控股股东股权质押与年报文本信息可读性［J］．财贸研究，2020，31（5）：77 - 96.

［56］罗进辉，杜兴强．媒体报道、制度环境与股价崩盘风险［J］．会计研究，2014（9）：53 - 59.

［57］罗进辉，向元高，金思静．董事会秘书能够提高资本市场效率吗——基于股价同步性的经验证据［J］．山西财经大学学报，2015，37（12）：80 - 90.

［58］马超．机构投资者独立性与股票流动性——基于深圳主板 A 股市场上市公司的实证研究［J］．金融经济学研究，2015，30（4）：65 - 74.

［59］孟庆斌，杨俊华，鲁冰．管理层讨论与分析披露的信息含量与股价崩盘风险——基于文本向量化方法的研究［J］．中国工业经济，2017（12）：132 - 150.

［60］苗霞，李秉成．管理层超额乐观语调与企业财务危机预测——基于年报前瞻性信息的分析［J］．商业研究，2019（2）：129 - 137.

［61］潘凌云，董竹．融券卖空与股价异质性波动［J］．技术经济，2021，40（7）：113 - 121.

［62］潜力，龚之晨．网络沟通对股票市场的影响——基于投资者有

限关注视角的研究 [J]. 金融论坛, 2021, 26 (2): 47 – 58.

[63] 任宏达, 王琨. 社会关系与企业信息披露质量——基于中国上市公司年报的文本分析 [J]. 南开管理评论, 2018, 21 (5): 128 – 138.

[64] 阮睿, 孙宇辰, 唐悦, 聂辉华. 资本市场开放能否提高企业信息披露质量?——基于"沪港通"和年报文本挖掘的分析 [J]. 金融研究, 2021 (2): 188 – 206.

[65] 沈华玉, 吴晓晖. 上市公司违规行为会提升股价崩盘风险吗 [J]. 山西财经大学学报, 2017, 39 (1): 83 – 94.

[66] 宋逢明, 李超. 股票市场涨跌停板设置的微模拟研究 [J]. 运筹与管理, 2007 (1): 100 – 106.

[67] 宋云玲, 罗玫. 中小板公司的业绩预告质量问题 [J]. 会计研究, 2017 (6): 24 – 30.

[68] 苏冬蔚, 麦元勋. 流动性与资产定价: 基于我国股市资产换手率与预期收益的实证研究 [J]. 经济研究, 2004 (2): 95 – 105.

[69] 孙蔓莉. 上市公司年报的可理解性研究 [J]. 会计研究, 2004 (12): 23 – 28.

[70] 孙淑伟, 梁上坤, 阮刚铭, 付宇翔. 高管减持、信息压制与股价崩盘风险 [J]. 金融研究, 2017 (11): 175 – 190.

[71] 孙文章. 董事会秘书声誉与信息披露可读性——基于沪深 A 股公司年报文本挖掘的证据 [J]. 经济管理, 2019, 41 (7): 136 – 153.

[72] 唐松, 胡威, 孙铮. 政治关系、制度环境与股票价格的信息含量——来自我国民营上市公司股价同步性的经验证据 [J]. 金融研究, 2011 (7): 182 – 195.

[73] 佟孟华, 艾永芳, 孙光林. 公司战略、大股东持股以及股价崩盘风险 [J]. 当代经济管理, 2017 (10): 73 – 80.

[74] 汪昌云, 武佳薇. 媒体语气、投资者情绪与 IPO 定价 [J]. 金融研究, 2015 (9): 174 – 189.

[75] 汪洁琼. 新三板市场流动性研究 [D]. 武汉: 中南财经政法大学, 2019.

［76］王朝阳，王振霞．涨跌停、融资融券与股价波动率——基于 AH 股的比较研究［J］．经济研究，2017，52（4）：151－165.

［77］王春峰，韩冬，蒋祥林．流动性与股票回报：基于上海股市的实证研究［J］．经济管理，2002（24）：58－67.

［78］王谨乐，霍达，史永东，张可芳．股价信息含量能够提升分析师预测质量吗？［J］．系统工程理论与实践，2021，41（8）：1974－1989.

［79］王克敏，王华杰，李栋栋，戴杏云．年报文本信息复杂性与管理者自利——来自中国上市公司的证据［J］．管理世界，2018，34（12）：120－132.

［80］王立章，王咏梅，王志诚．控制权、现金流权与股价同步性［J］．金融研究，2016（5）：97－110.

［81］王天奇，管新潮．语料库语言学研究的技术拓展——《Python 文本分析：用可实现的方法挖掘数据价值》评价［J］．外语电化教学，2017（5）：93－96.

［82］王雄元．自愿性信息披露：信息租金与管制［J］．会计研究，2005（4）：25－29.

［83］王亚平，刘慧龙，吴联生．信息透明度、机构投资者与股价同步性［J］．金融研究，2009（12）：162－174.

［84］王运陈，贺康，万丽梅，谢璇．年报可读性与股票流动性研究——基于文本挖掘的视角［J］．证券市场导报，2020（7）：61－71.

［85］温忠麟，叶宝娟．中介效应分析：方法和模型发展［J］．心理科学进展，2014，22（5）：731－745.

［86］吴非，胡慧芷，林慧妍，任晓怡．企业数字化转型与资本市场表现——来自股票流动性的经验证据［J］．管理世界，2021，37（7）：130－144.

［87］吴文锋，芮萌，陈工孟．中国股票收益的非流动性补偿［J］．世界经济，2003（7）：54－60.

［88］吴武清，赵越，闫嘉文，汪寿阳．分析师文本语调会影响股价同步性吗？——基于利益相关者行为的中介效应检验［J］．管理科学学

报，2020，23（9）：108 – 126.

［89］吴晓晖，郭晓冬，乔政．机构投资者抱团与股价崩盘风险［J］．中国工业经济，2019（2）：117 – 135.

［90］肖浩，夏新平，邹斌．信息性交易概率与股价同步性［J］．管理科学，2011，24（4）：84 – 94.

［91］肖浩，詹雷，王征．国外会计文本信息实证研究述评与展望［J］．外国经济与管理，2016，38（9）：93 – 112.

［92］谢德仁，林乐．管理层语调能预示公司未来业绩吗？——基于我国上市公司年度业绩说明会的文本分析［J］．会计研究，2015（2）：20 – 27.

［93］谢黎旭，张信东，张燕，王东．融资融券扩容和流动性［J］．管理科学，2018，31（6）：46 – 57.

［94］徐洪波．坏消息业绩预告集中披露现象动因分析——基于归因理论视角［J］．贵州财经大学学报，2014（2）：97 – 104.

［95］徐寿福．股权激励会强化管理层的迎合动机吗？——来自上市公司 R&D 投资的证据［J］．经济管理，2017，39（6）：178 – 193.

［96］许晨曦，杜勇，鹿瑶．年报语调对资本市场定价效率的影响研究［J］．中国软科学，2021（9）：182 – 192.

［97］许静静．家族高管、控制权结构与公司股价同步性——基于 A 股中小板家族企业的检验［J］．中南财经政法大学学报，2016（5）：101 – 109.

［98］许年行，洪涛，吴世农，徐信忠．信息传递模式、投资者心理偏差与股价"同涨同跌"现象［J］．经济研究，2011，46（4）：135 – 146.

［99］许年行，江轩宇，伊志宏，徐信忠．分析师利益冲突、乐观偏差与股价崩盘风险［J］．经济研究，2012，47（7）：127 – 140.

［100］许年行，于上尧，伊志宏．机构投资者羊群行为与股价崩盘风险［J］．管理世界，2013（7）：31 – 43.

［101］许文瀚，朱朝晖，万源星．上市公司创新活动对年报文本信息影响研究［J］．科研管理，2020，41（11）：124 – 132.

［102］阎达五，孙蔓莉．深市 B 股发行公司年度报告可读性特征研究［J］．会计研究，2002（5）：10 – 17.

[103] 颜恩点，曾庆生. 新闻媒体的信息和监督功能：基于上市公司会计盈余价值相关性的研究 [J]. 外国经济与管理，2018，40（7）：99-112.

[104] 杨昌安，何熙琼. 高铁能否提高地区资本市场的信息效率——基于公司股价同步性的视角 [J]. 山西财经大学学报，2020，42（6）：30-44.

[105] 杨丹，黄丹，黄莉. 会计信息形式质量研究——基于通信视角的解构 [J]. 会计研究，2018（9）：3-10.

[106] 杨玉龙，吴文，高永靖，张倩男. 新闻媒体、资讯特征与资本市场信息效率 [J]. 财经研究，2018，44（6）：109-125.

[107] 姚颐，赵梅. 中国式风险披露、披露水平与市场反应 [J]. 经济研究，2016，51（7）：158-172.

[108] 叶康涛，张姗姗，张艺馨. 企业战略差异与会计信息的价值相关性 [J]. 会计研究，2014（5）：44-51.

[109] 叶勇，王涵. 盈余管理对企业年度报告可读性的影响研究 [J]. 四川理工学院学报（社会科学版），2018，33（6）：52-63.

[110] 伊志宏，李颖，江轩宇. 女性分析师关注与股价同步性 [J]. 金融研究，2015（11）：175-189.

[111] 伊志宏，杨圣之，陈钦源. 分析师能降低股价同步性吗？——基于研究报告文本分析的实证研究 [J]. 中国工业经济，2019（1）：156-173.

[112] 尹海员，吴兴颖. 投资者高频情绪对股票日内收益率的预测作用 [J]. 中国工业经济，2019（8）：80-98.

[113] 游家兴，吴静. 沉默的螺旋：媒体情绪与资产误定价 [J]. 经济研究，2012（7）：141-152.

[114] 余海宗，朱慧娟. 年报语调、分析师跟踪与股价同步性 [J]. 现代经济探讨，2021（10）：59-67.

[115] 袁知柱，鞠晓峰. 股价信息含量测度方法、决定因素及经济后果研究综述 [J]. 管理评论，2009，21（4）：42-52.

[116] 袁知柱，鞠晓峰. 制度环境、公司治理与股价信息含量 [J]. 管理科学，2009，22（1）：17-29.

[117] 袁知柱，王泽燊，吴粒，张一帆. 国际"四大"与高审计质

量——基于股价波动同步性视角的考察 [J]. 财经理论与实践，2014，35 (4)：53 –60.

[118] 张程，曾庆生，梁思源. 市场能够甄别管理层的"靖言庸违"吗？——来自年报语调与内部人交易的经验证据 [J]. 财经研究，2021，47 (4)：154 –168.

[119] 张继德，廖微，张荣武. 普通投资者关注对股市交易的量价影响——基于百度指数的实证研究 [J]. 会计研究，2014 (8)：52 –59.

[120] 张湄，孔爱国. 公司治理与股价同步性关系研究前沿 [J]. 价格理论与实践，2010 (10)：63 –64.

[121] 张庆君，白文娟. 资本市场开放、股票流动性与债务违约风险——来自"沪港通"的经验证据 [J]. 金融经济学研究，2020，35 (5)：78 –95.

[122] 张淑惠，周美琼，吴雪勤. 年报文本风险信息披露与股价同步性 [J]. 现代财经，2021，41 (2)：62 –78.

[123] 张婷，张敦力. 或有事项信息披露能降低股价同步性吗？[J]. 中南财经政法大学学报，2020 (3)：3 –13.

[124] 张翼，马光. 法律、公司治理与公司丑闻 [J]. 管理世界，2005 (10)：113 –122.

[125] 赵林丹，梁琪. 企业金融化与股价"同涨同跌"现象 [J]. 南开经济研究，2021 (2)：181 –200.

[126] 钟凯，董晓丹，彭雯，陈战光. 一叶知秋：情感语调信息具有同业溢出效应吗？——来自业绩说明会文本分析的证据 [J]. 财经研究，2021，47 (9)：48 –62.

[127] 周爱民，葛琛，遥远. 惊弓之鸟：流动性恐慌与股票价格 [J]. 南开经济研究，2019 (4)：105 –122.

[128] 周波，张程，曾庆生. 年报语调与股价崩盘风险——来自中国A股上市公司的经验证据 [J]. 会计研究，2019 (11)：41 –48.

[129] 周铭山，林靖，许年行. 分析师跟踪与股价同步性——基于过度反应视角的证据 [J]. 管理科学学报，2016，19 (6)：49 –73.

［130］朱红军，何贤杰，陶林. 中国的证券分析师能够提高资本市场的效率吗——基于股价同步性和股价信息含量的经验证据［J］. 金融研究，2007（2）：110 - 121.

［131］朱琳，陈妍羽，伊志宏. 分析师报告负面信息披露与股价特质性波动——基于文本分析的研究［J］. 南开管理评论，2021（6）：1 - 16.

［132］朱滔. 政府补助准则修订降低了公司股价同步性吗？［J］. 证券市场导报，2020（3）：49 - 57.

［133］朱小斌，江晓东. 股票日内流动性度量及其风险调整——基于上海股票市场高频数据的实证研究［J］. 上海管理科学，2005（3）：21 - 24.

［134］祝继高，王珏，张新民. 母公司经营模式、合并—母公司报表盈余信息与决策有用性［J］. 南开管理评论，2014，17（3）：84 - 93.

［135］庄新田，赵立刚. 涨跌幅限制对股票流动性的影响分析［J］. 管理学报，2005（6）：685 - 690.

［136］Abarbanell J. S. , B. J. Bushee. Abnormal Returns to a Fundamental Analysis Strategy［J］. The Accounting Review, 1998, 1（73）：19 - 45.

［137］Acharya V. V. , L. H. Pedersen. Asset Pricing with Liquidity Risk［J］. Journal of Financial Economics 2005, 77：375 - 410.

［138］Ajina A. , Laouiti M. , Msolli B. Guiding through the fog: does annual report readability reveal earnings management?［J］. Research in International Business and Finance, 2016, 38（1）：509 - 516.

［139］Akerlof G. A. The Market for "Lemons"：Quality Uncertainty and the Market Mechanism［J］. The Quarterly Journal of Economics, 1970, 84（3）：488 - 500.

［140］Alchian A. A. , Demsetz H. Production, Information Costs and Economic Organization［J］. American Economic Review, 1972, 12（62）：777 - 795.

［141］Allee K. D. , DeAngelis M. D. The structure of voluntary disclosure narratives: Evidence from tone dispersion［J］. Journal of Accounting Research, 2015, 53（2）：241 - 274.

［142］Amihud Y. , H. Mendelson. The Effects of Beta, Bid-Ask Spread, Residual Risk and Size on Stock Returns ［J］. Journal of Finance, 1989, 44 (2): 479 – 486.

［143］Amihud Y. , Mendelson H. Asset Pricing and the Bid-ask Spread ［J］. Journal of Financial Economics, 1986, 17 (2): 223 – 249.

［144］Amihud Y. Liquidity and Stock Returns: Cross-section and Time-series Effects ［J］. Journal of Financial Markets 2002, 5 (1): 31 – 56.

［145］Asquith P. , Mikhail M. , Au A. S. Information content of equity analyst reports ［J］. Journal of Financial Economics, 2005, 75 (2): 245 – 282.

［146］Atkins A. B. , Dyl E. A. Transactions Costs and Holding Periods for Common Stocks ［J］. Journal of Finance, 1997, 52 (1): 309 – 325.

［147］Bagehot W. The only game in town ［J］. Financial Analysts Journal, 1971, 27 (2): 12 – 14.

［148］Baker M. , Stein J. C. Market liquidity as a sentiment indicator ［J］. Journal of Financial Markets, 2004, 7 (3): 271 – 299.

［149］Ball R. , P. Brown. An Empirical Evaluation of Accounting Income Numbers ［J］. Journal of Accounting Research, 1968 (6): 159 – 178.

［150］Ball R. , B. Phili. An Empirical Evaluation of Accounting Income Numbers. Journal of Accounting Research, 1968, 6: 159 – 178.

［151］Balsam S. , Bartov E. , Marquardt C. Accruals management, investor sophistication, and equity valuation: evidence from 10Qfilings ［J］. Journal of Accounting Research, 2002, 40 (4): 987 – 1012.

［152］Bao Y. , Datta A. Simultaneously Discovering and Quantifying Risk Types from Textual Risk Disclosures ［J］. Management Science, 2014, 60 (6): 1371 – 1391.

［153］Beaver W. H. , Griffn P. A. , Landsman W. R. The Incremental Information Content of Replacement Cost Earnings ［J］. Journal of Accounting and Economics, 1982, 4 (1): 15 – 39.

［154］Beaver W. , Lambert R. , Ryan S. The information content of security prices: A second look [J]. Journal of Accounting and Economics, 1987, 9 (2): 139 - 158.

[155] Beaver, Lambert, Morse. The Information Content of Security Prices [J]. Journal of Accounting and Economics, 1980, 2 (1): 3 - 28.

[156] Bekaert Q., Wu G. Asymmetric Volatility and Risk in Equity Markets [J]. The Review of Financial Studies, 2000, 13 (1): 1 - 42.

[157] Berle A. A., Means G. C. Corporations and the public investor [J]. American Economic Review, 1930, 20 (1): 54 - 71.

[158] Bernardo A. E., Welch I. Liquidity and financial market runs [J]. The Quarterly Journal of Economics, 2004, 119 (1): 135 - 158.

[159] Biddle G. C., G. Hilary, R. S. Verdi. How Does Financial Reporting Quality Relate to Investment Efficiency [J]. Journal of Accounting and Economics, 2009, 48 (2): 112 - 131.

[160] Black F. Noise [J]. Journal of Finance, 1986, 41 (3): 529 - 543.

[161] Black F. Towards a fully automated exchange, Part I [J]. Financial analysts journal, 1971, 27: 29 - 34.

[162] Blau B. M., Whitby R. J. The Volatility of Bid-Ask Spreads [J]. Financial Management, 2015, 44 (4): 851 - 874.

[163] Bochkay K., Levine C. B. Using MD&A to Improve Earnings Forecasts [R]. Working Paper. 2013.

[164] Bonsall S. B., B. P. Miller. The Impact of Narrative Disclosure Readability on Bond Ratings and the Cost of Debt [J]. Review of Accounting Studies, 2017, 22 (2): 608 - 643.

[165] Botosan. Disclosure Level and The Cost of Equity Capital [J]. The Accounting Review, 1997, 72 (3): 323 - 349.

[166] Bowen R. M., Chen X., Cheng Q. Analyst coverage and the cost of raising equity capital: Evidence from underpricing of seasoned equity offerings [J]. Contemporary Accounting Research, 2008, 25 (3): 657 - 700.

[167] Bozanic Z., M. Thevenot. Qualitative Disclosure and Changes in

Sell-Side Financial Analysts' Information Environment [J]. Contemporary Accounting Research, 32 (4): 1595 – 1616.

[168] Brennan M. J. , Subrahmanyam A. Market Microstructure and Asset Pricing: on the Compensation for liquidity in Stock Returns [J]. Journal of Financial Economics 1996, 41 (3): 441 – 464.

[169] Brockman P. , Li X. , Price S. M. Do managers put their money where their mouths are? Evidence from insider tradingafter conference calls [R]. SSRN Electronic Journal, 2013.

[170] Brown S. , S. A. Hillegeist, K. Lo. Conference Calls and Information Asymmetry [J]. Journal of Accounting and Economics, 2004, 37 (3): 343 – 366.

[171] Brunnermeier M. K. , Pedersen L. H. Market liquidity and funding liquidity [J]. The review of financial studies, 2008, 22 (6): 2201 – 2238.

[172] Bryan S. H. Incremental Information Content of Required Disclosures Contained in Management Discussion and Analysis [J]. Accounting Review, 1997, 72 (2): 285 – 301.

[173] Bushman R. M. , Smith A. J. Financial accounting information and corporate governance [J]. Journal of accounting and Economics, 2001, 32 (1 – 3): 237 – 333.

[174] Campbell J. , M. Lettau, B. Malk, Y. Xu. Have Individual Stocks become more Volatile? An Empirical Exploration of Idiosyncratic Risk [J]. Journal of Finance, 2001, 56 (1): 1 – 43.

[175] Cao H. H. , Coval J. D. , Hirshleifer D. Sidelined Investors, Trading-Generated News, and Security Retums [J]. Social Science Electronic Publishing, 2002, 15 (2): 615 – 648.

[176] Chan K. , Hameed A. Stock price synchronicity and analyst coverage in emerging markets [J]. Journal of Financial Economics. 2006, 80 (1): 115 – 147.

[177] Chen H. , De P. , Hu Y. J. et al. Wisdom of crowds: The value of

stock opinions transmitted through social media [J]. Review of Financial Studies, 2014, 27 (5): 1367 – 1403.

[178] Chordia T., Subrahmanyam A., Anshuman V. R. Trading Activity and Expected Stock Re-turns [J]. Journal of Financial Economics, 2001, 59 (1): 3 – 32.

[179] Cohen R. B., Gompers P. A., Vuolteenabo T. Who underreacts to cash-flow news? evidence from trading between individuals and institutions [J]. Journal of Financial Economics, 2002, 66 (2 – 3): 409 – 462.

[180] Coles J. L., Daniel N. D., Naveen L. Managerial incentives and risk-taking [J]. Journal of financial Economics, 2006, 79 (2): 431 – 468.

[181] Das Sanjiv R., Chen Mike Y. Yahoo! for Amazon: Sentiment Extraction from Small Talk on the Web [J]. Management Science, 2007, 53 (9): 1375 – 1388.

[182] Datar V. T., Naik N., Radcliffe R. Liquidity and Stock Returns: an Alternative Test [J]. Journal of Financial Markets 1998, 1 (2): 203 – 219.

[183] Davis A. K., Ge W., Matsumoto D. et al. The effect of manager-specific optimism on the tone of earnings conference calls [J]. Review of Accounting Studies, 2015, 20 (2): 639 – 673.

[184] Davis A. K., Piger J. M., Sedor L. M. Beyond the numbers: Measuring the information content of earnings press release language [J]. Contemporary Accounting Research, 2012, 29 (3): 845 – 868.

[185] DeBondt W., R. Thaler. Does the Stock Market Overreact Journal of Finance [J]. Journal of Finance, 1985, 40 (3): 793 – 805.

[186] DeLong J. B., Andrei S., Lawrence H. Summers. Noise Trader Risk in Financial Markets [J]. Journal of Political Economy. 1990, 98 (4): 703 – 738.

[187] Demers E. A., C. Vega. Linguistic Tone in Earnings Announcements: News or Noise? [R]. Ssrn Electronic Journal, 2011.

[188] Demers E., Vega C. Linguistic tone in earnings announcements: News or Noise? [R]. FRB International Finance Discussion Paper No. 951, 2011.

［189］ Dhaliwal D. S. , S. Radhakrishnan, A. Tsang, Y. G. Yang. Nonfinancial Disclosure and Analyst Forecast Accuracy: International Evidence On Corporate Social Responsibility Disclosure ［J］. The Accounting Review, 2012, 87 (3): 723 – 759.

［190］ Dharan B. G. , Lev B. The Valuation Consequence of Accounting Changes: A Multi-Year Examination. Journal of Accounting, Auditing and Finance, 1993, 8 (4): 475 – 494.

［191］ Diamond D. W. Optimal release of information by firms ［J］. The Journal of finance, 1985, 40 (4): 1071 – 1094.

［192］ Durnev A. , Morck R. , Yeung B. , Zarowin P. Does Greater Firm-specific Return Variation Mean More or Less Informed Stock Pricing? ［J］. Journal of Accounting Research, 2003, 41 (5): 797 – 836.

［193］ Earnings ［D］. New York: The City University of New York, 1985.

［194］ Easton P. D. , T. S. Harris. The Institute of Professional Accounting Graduate School of Business University of Chicago ［J］. Journal of Accounting Research, 1991, 29 (1): 19 – 36.

［195］ Eng L. L. , Y. T. Mak. Corporate Governance andVoluntary Disclosure ［J］. Journal of Accounting & Public Policy, 2003, 22 (4): 325 – 345.

［196］ Fang L. , J. Peress. Media Coverage and the Cross-section of Stock Returns ［J］. Journal of Finance, 2009, 59 (5): 2023 – 2052.

［197］ Feldman R. , Govindaraj S. , Livnat J. et al. Management's tone change, post earnings announcement drift and accruals ［J］. Review of Accounting Studies, 2010, 15 (4): 915 – 953.

［198］ Ferris S. P. , Hao Q. , Liao M Y. The Effect of Issuer Conservatism on IPO Pricing and Performance ［J］. Review of Finance, 2013, 17 (3): 993 – 1027.

［199］ Francis J. R. , LaFond P. , Olsson M. , Schipper K. Costs of Equity and Earnings Attributes ［J］. The Accounting Review, 2004, 79 (4): 967 – 1010.

[200] Francis J. , D. Nanda, P. Olsson. Voluntary Disclosure, Earnings Quality, and Cost of Capital [J]. Journal of Accounting Research, 2010, 46 (1): 53 –99.

[201] Frankel R. , Kothari S. P. , Weber J. Determinants of the informativeness of analyst research [J]. Journal of Accounting and Economics, 2006, 41 (1 –2): 29 –54.

[202] French K. R. , Schwert G. W. , Stambaugh R. F. Expected stock returns and volatility [J]. Journal of Financial Economics, 1987, 19 (1): 3 –29.

[203] Fujimoto A. , M. Watanabe. Time-varying Liquidity Risk and the Cross-section of Stock Returns [R]. University of Alberta and Rice University. Working Paper, 2006.

[204] Gao. Keynesian Beauty Contest, Accounting Disclosure, and Market Efficiency [J]. Journal of Accounting Research. 2008, 46 (4): 785 –808.

[205] García D. , Norli Ø. Geographic dispersion and stock returns [J]. Journal of Financial Economics, 2012, 106 (3): 547 –565.

[206] Garmaise M. J. , Moskowitz T. J. Confronting Information Asymmetries: Evidence from Real Estate Markets [J]. The Review of Financial Studies, 2003, 17 (2): 405 –437.

[207] Gennotte Q. , Leland H. Market Liquidity, Hedging, and Crashes [J]. American Economic Review, 1990, 80 (5): 999 –1021.

[208] Goldstein I. , Razin A. An Information-based Trade Off between Foreign Direct Investment and Foreign Portfolio Investment [J]. Journal of International Economics, 2006, 70 (1): 271 –295.

[209] Gray W. S. and Leary B. E. What Makes a Boohk Readable [M]. Chicago: The University of Chicago press, 1935.

[210] Greenwald B. C. , Stiglitz J. E. Externalities in economies with imperfect information and incomplete markets [J]. Quarterly Journal of Economics 1986, 101 (2): 229 –264.

[211] Greenwood M. , Sosner N. Tradig patterns and excess comovement

of stock returns? [J]. Financial Analysts Journal, 2007, 63 (5): 69 – 81.

[212] Gul F. A., Srinidhi B., Anthony. Does board gender diversity improve the informativeness of stock price [J]. Journal of accounting and economics, 2011, 51 (3): 314 – 338.

[213] Hammersley J. S., L. A. Myers, C. Shakespeare. Market Reactions to the Disclosure of Internal Control Weaknesses and to the Characteristics of those Weaknesses Under Section 302 of the Sarbanes Oxley Act of 2002 [J]. Review of Accounting Studies, 2008, 13 (1): 141 – 165.

[214] Handa R., R. A. Schwartz. How Best to Supply Liquidity to a Securities Market [J]. Journal of Portfolio Management 1996, 22 (2): 44 – 51.

[215] Hasbrouck J., Schwartz R. A. Liquidity and Execution Costs in Equity Markets [J]. Journal of Portfolio Management 1988, 14 (3): 10 – 17.

[216] Hasbrouck J. Trading Costs and Returns for U. S. Equities: Estimating Effective Costs from Daily Data [J]. Journal of Finance, 2009, 64 (3): 1445 – 1477.

[217] Haugen R. A., Baker N. Commonality in the Determinants of Expected Stock Returns [J]. Journal of Financial Economics 1996, 41 (3): 401 – 439.

[218] Hellwig, Martin F. On the aggregation of information in competitive markets [J]. Journal of Economic Theory, Elsevier, 1980, 22 (3): 477 – 498.

[219] Henry E. Are Investors Influenced By How Earnings Press Releases Are Written? [J]. Social Science Electronic Publishing, 2008, 45 (4): 363 – 407.

[220] Hicks J. R. Liquidity [J]. Economic Journal, 1962, 12 (72): 787 – 802.

[221] Hoberg G., Phillips G. M. Text-Based network industries and endogenous product differentiation [J]. Journal of Political Economy, 2016, 124 (5): 1423 – 1465.

[222] Holmstrom B., Costa R., I. Joan. Managerial Incentives and Capital Management [J]. The Quarterly Journal of Economics, 1986, 101 (4): 835 – 860.

[223] Hong H. , Stein J. C. Differences of Opinion, Short-Sales Constraints, and Market Crashes [J]. Review of Financial Studies, 2003, 16 (2): 487 – 525.

[224] Hsin C. W. , Tseng P. W. Stock price synchronicities and speculative trading in emerging markets [J]. Journal of Multinational Financial Management, 2012, 22 (3): 82 – 109.

[225] Hu S. Y. Trading Turnover and Expected Stock Returns: the Trading Frequency Hypothesis and Evidence from the Tokyo Stock Exchange [R]. National Taiwan University Working Paper. 1997.

[226] Huang A. H. , Zang A. Y. , Zheng R. Evidence on the information content of text in analyst reports [J]. The Accounting Review, 2014, 89 (6): 2151 – 2180.

[227] Huang X. , Teoh S. H. , Zhang Y. L. Tone management [J]. The Accounting Review, 2014, 89 (3): 1083 – 1113.

[228] Hutton A. P. , Marcus A. J. , Tehranian H. Opaque Financial Reports, R^2, and Crash Risk [J]. Journal of Financial Economics, 2009, 94 (1): 67 – 86.

[229] Jensen M. C. , Meckling W. H. Theory of the Firm: Managerial Behavior, Agency Costs and Ownership Structure [J]. Journal of Financial Economics, 1976, 3 (4): 305 – 360.

[230] Jensen M. C. The Modem Industrial Revolution, Exit, and the Failure of Internal Control Systems [J]. Journal of Applied Corporate Finance, 1993, 48 (3): 831 – 880.

[231] Jin L. , Myers S. C. R^2 around the world: new theory and new tests [J]. Journal of Financial Economics, 2006, 79 (2): 257 – 292.

[232] Kahneman D. , Tversky A. On the Interpretation of Intuitive Probability: A Reply to Jonathan Cohen [J]. Cognition, 1979, 7 (4): 409 – 411.

[233] Kearney C. , Liu S. Textual sentiment in finance: A survey of methods and models [J]. International Review of Financial Analysis, 2014, 33:

171 – 185.

[234] Kelly P. J. Information Efficiency and Firm-specific Return Variation [J]. Quarterly Journal of Finance, 2014, 4 (4): 1 – 44.

[235] Kim J. B. , Li Y. , Zhang L. CFOs versus CEOs: Equity incentives and crashes [J]. Journal of Financial Economics, 2011a, 101 (3): 713 – 730.

[236] Kim J. B. , Wang Z. , Zhang L. CEO Overconfidence and Stock Price Crash Risk [J]. Contemporary Accounting Research, 2016, 33 (4): 1720 – 1749.

[237] King B. F. Market and industry factors in stock price behavior [J]. Journal of Business, 1966, 39 (1): 139 – 190.

[238] Kothari S. P. , Li X. , Short J. E. The Effect of Disclosures by Management, Analysts, and Business Press on Cost of Capital, Return Volatility, and Analyst Forecasts: A Study Using Content Analysis [J]. The Accounting Review, 2009, 84 (5): 1639 – 1670.

[239] Kravet T. , Muslu V. Textual risk disclosures and investors' risk perceptions [J]. Review of Accounting Studies, 2013, 18 (4): 1088 – 1122.

[240] Krishnan G. V. , Parsons L. M. Getting to the bottom line: an exploration of gender and earnings quality [J]. Journal of business ethics, 2008, 78 (1 – 2): 65 – 76.

[241] Kumar A. , Lee C. Retail investor sentiment and return comovements [J]. Journal of Finance, 2006, 61 (5): 2451 – 2486.

[242] Kyle A. S. , Xiong W. Contagion as a wealth effect [J]. The Journal of Finance, 2001, 56 (4): 1401 – 1440.

[243] Kyle A. S. Continuous Auction and Insider Trading [J]. Econometrica 1985, 53 (6): 1313 – 1335.

[244] L. D. Parker. Corporate Annual Reporting: A Mass Communication Perspective [J]. Accounting & Business Research, 1982 (12): 279 – 286.

[245] Lang M. , Stice-Lawrence L. Textual analysis and international financial reporting: large sample evidence [J]. Journal of Accounting and Econom-

ics, 2015, 60 (2): 110 – 135.

[246] Lee I. H. Market Crashes and Informational Avalanches [J]. Review of Economic Studies, 1998, 65 (4): 741 – 759.

[247] Lee Y. J. The Effect of Quarterly Report Readability On Information Efficiency of Stock Prices [J]. Contemporary Ac-counting Research, 2012, 29 (4): 1137 – 1170.

[248] Lehavy R. , Li F. , Merkley K. The Effect of Annual Report Readability on Analyst Following and the Properties of Their Earnings Forecasts [J]. Accounting Review, 2011, 86 (3): 1087 – 1115.

[249] Li B. , S. Rajgopal, M. Venkatachalam. R^2 and idiosyncratic risk are not interchangeable [J]. The Accounting Review, 2014, 89 (6): 2261 – 2295.

[250] Li F. Annual report readability, current earnings, and earnings persistence [J]. Journal of Accounting and Economics, 2008, 45 (2 –3): 221 –247.

[251] Li F. The information content of forward-looking statements in corporate filings-anaïve Bayesian machine learning approach [J]. Journal of Accounting Research, 2010b, 48 (5): 1049 – 1102.

[252] Li F. The Information Content of Forward-Looking Statements in Corporate Filings—A Naïve Bayesian Machine Learning Approach [J]. Journal of Accounting Research, 2010, 5 (48): 1049 – 1102.

[253] Li K. , R. Morck, F. Yang, B. Yeung. Firm-specific Variation and Openness in Emerging Markets [J]. Review of Economics and Statistics, 2004, 86 (3): 658 –669.

[254] Li Y. , L. Zhang. Short Selling Pressure, Stock Price Behavior, and Management Forecast Precision: Evidence from a Natural Experiment [J]. Journal of Accounting Research, 2015, 53 (1): 79 –117.

[255] Libby, Robert, James E. , Hunton, Hun-Tong Tan, and Nicholas Seybert. Relationship Incentives and the Optimistic/Pessimistic Pattern in Analysts' Forecasts [J]. Journal of Accounting Research 2008, 46 (1): 173 –198.

［256］Lippman S. A. , McCall J. An Operational Measure of Liquidity ［J］. American Economic Review 1986, 76 (1): 43 - 55.

［257］Liu B. , McConnell J. J. The role of the media in corporate governance: Do the media influence managers' capital allocation decisions? ［J］. Journal of Financial Economics, 2013, 110 (1): 1 - 17.

［258］Lively B. A. , Pressey S. L. A method for measuring the "vocabulary burden" of textbook ［J］. Educational Administration and Supervision, 1923, 9: 389 - 398.

［259］Lo K. , Ramos F. , Rogo R. Earnings management and annual report readability ［J］. Journal of Accounting & Economics, 2017, 63 (1): 1 - 25.

［260］Loughran T. , B. Mcdonald. When is a liability not a liability? Textual analysis, dictionaries and 10 - Ks ［J］. Journal of Finance, 2011, 66 (1): 35 - 65.

［261］Loughran T. , McDonald B. Measuring Readability in Financial Disclosures ［J］. Journal of Finance, 2014, 69 (4): 1643 - 1671.

［262］Loughran T. , Mcdonald B. Textual Analysis in Accounting and Finance: A Survey ［J］. Social Science Electronic Publishing, 2016, 54 (4): 1187 - 1230.

［263］Luo J. , X. Li, H. Chen. Annual Report Readability and Corporate Agency Costs ［J］. China Journal of Accounting Research, 2018, 3 (11): 187 - 212.

［264］Madhavan A. Trading mechanisms in securities markets ［J］. Journal of Finance, 1992, 47 (2): 607 - 641.

［265］Malcolm Baker, J. C. Stein, J. Wurgler. When Does the Market Matter? Stock Prices and the Investment of Equity-Dependent Firms ［R］. Harvard Institute of Economic Research Working Papers, 2002.

［266］Malkiel B. G. Efficient Market Hypothesis ［J］. The New Palgate Dictionay of Money and Finance, 1992: 739 - 744.

［267］Mayew W. J. , Sethuraman M. , Venkatachalam M. MD&A Disclosure and the Firm's Ability to Continue as a Going Concern ［J］. The Accounting Review, 2015, 90 (4): 1621 –1651.

［268］ McNichols M. Evidence of Informational Asymmetries from Management Earnings Forecasts and Stock Returns ［J］. The Accounting Review, 1989, 64 (1): 1 –26.

［269］ Meyerowitz B. E. , Chaiken S. The effect of message framing on breast self-examination attitudes, intentions, and behavior ［J］. Journal of personality and social psychology, 1987, 52 (3): 500.

［270］ Milgrom P. , Roberts J. Limit Pricing and Entry Under Incomplete Information: an Equilibrium Analysis ［J］. Econometrica, 1982, 2 (50): 443 –459.

［271］ Miller B. The effects of reporting complexity on small and large investor trading ［J］. The Accounting Review. 2010, 85 (6): 2107 –2143.

［272］ Morck R. , Yeung B. , Yu W. The information content of stock markets: why do emerging markets have synchronous stock price movements? ［J］. Journal of financial economics, 2000, 58 (1): 215 –260.

［273］ Mullanaithan S. , Shleifer A. Media bias ［J］. Harvard University, mimeograph, 2002.

［274］ Nelson K. , Pritchard A. Litigation risk and voluntary disclosure: the use of meaningful cautionary language ［J］. SSRN Electronic Journal, 2007, 37 (1): 223 –228.

［275］ O'hara M. Market microstructure theory ［M］. Cambridge, MA: Blackwell Publishers, 1995.

［276］ Ohlson J. Earnings, Book Value, and Dividends in Equity Valuation ［J］. Contemporary Accounting Research, 1995, 11 (2): 661 –687.

［277］ Pastor L. , R. Stambaugh. Liquidity Risk and Expected Stock Returns ［J］. Journal of Political Economy 2003, 111 (3): 642 –685.

［278］ Penman S. H. , X. J. Zhang. Accounting Conservatism, the Quality of Earnings, and Stock Returns ［J］. The Accounting Review, 2002, 77 (2):

237 – 264.

[279] Pereira J. P. , Harold H. Z. Stock Returns and the Volatility of Liquidity [J]. Journal of Financial and Quantitative Analysis, 2010, 45 (4): 1077 – 1110.

[280] Pindyck R. S. Risk, Inflation, and the Stock Market [J], American Economic Review, 1984, 74 (3): 335 – 351.

[281] Price S. M. K. , Doran J. S. , Peterson D. R. et al. Earnings conference calls and stock returns: The incremental informativeness of textual tone [J]. Journal of Banking & Finance, 2012, 36 (4): 992 – 1011.

[282] Rennekamp K. Processing fluency and investors' reactions to disclosure readability [J]. Journal of Accounting Research, 2012, 50 (5): 1319 – 1354.

[283] Roll R. A Simple Implicit Measure of the Effective Bid-Ask Spread in an Efficient Market [J]. Journal of Finance 1984, 39 (4): 1127 – 1139.

[284] Romer D. Rational Asset-Price Movements Without News [J]. American Economic Review, 1993, 83 (5): 1112 – 1130.

[285] Ross S. A. The Determination of Financial Structure: the Incentive-Signaling Approach [J]. The Bell Journal of Economics, 1977, 8 (1): 23 – 40.

[286] Rothschild M. , Stiglitz J. Equilibrium in Competitive Insurance Markets: An Essay on the Economics of Imperfect Information [J]. The Quarterly Journal of Economics, 1976, 90 (4): 629 – 649.

[287] Schwert G. W. Why Does Stock Market Volatility Change Over Time? [J]. Journal of Finance, 1989, 44 (5): 1115 – 1153.

[288] Shafer G. R. , D. Kahnerman, P. Slovie. et al. Judgement under Uncertainty: Heuristics and Biases [J]. Science, 1974, 185 (1): 141 – 162.

[289] Spence M. Job Market Signaling [J]. Quarterly Journal of Economics, 1973, 87 (3): 355 – 374.

[290] Stein J. C. Takeover Threats and Managerial Myopia [J]. Journal of Political Economy, 1988, 96 (1): 61 – 80.

[291] Tan H. T. , E. Wang, B. Zhou. When the Use of Positive Language

Backfires: The Joint Effect of Tone, Readability, and Investor Sophistication on Earnings Judgments [J]. Journal of Accounting Research, 2014, 52 (1): 273 – 302.

[292] Teoh S. , Yang Y. , Zhang Y. R-Square: Noise or Price Efficiency? [R]. Working Paper, University of California at Irvine. 2006.

[293] Tetlock Paul C. Giving Content to Investor Sentiment: The Role of Media in the Stock Market [J]. Journal of Finance, 2007, 62 (3): 1139 – 1168.

[294] Tetlock Paul C. Saar-Tsechansky Maytal and Macskassy Sofus. More than Words: Quantifying Language to Measure Firms' Fundamentals [J]. Journal of Finance, 2008, 63 (3): 1437 – 1467.

[295] Titman S. , Trueman B. Information Quality and the Valuation of New Issue [J]. Journal of Accounting and Economics, 1986, 8 (2): 159 – 172.

[296] Tversky A. , Shafir E. Choice under Conflict: The Dynamics of Deferred Decision [J]. Psychological Science, 1992, 3 (6): 358 – 361.

[297] Twedt B. , Rees L. Reading between the lines: An empirical examination of qualitative attributes of financial analysts' reports [J]. Journal of Accounting and Public Policy, 2012, 31 (1): 1 – 21.

[298] Veldkamp L. L. Information markets and the comovement of asset prices [J]. The Review of Economic Studies, 2006, 73 (3): 823 – 845.

[299] Verrecchia R. E. Discretionary Disclosure [J]. Journal of Accounting and Economics, December 1983, 5 (12): 179 – 194.

[300] Vogel M. , Washburne C. An objective method of determining grade placement of children's reading material [J]. The Elementary School Journal, 1928, 28 (5): 373 – 381.

[301] West K. D. Dividend Innovations and Stock Price Volatility. Econometrica [J]. Journal of the Econometric Society, 1988, 56 (1): 37 – 61.

[302] Winchel J. Investor reaction to the ambiguity and mix of positive and negative argumentation in favorable analyst reports [J]. Contemporary Accounting Research, 2015, 32 (3): 973 – 999.

［303］Wong Riley M. Changes in the visual system of monocularly sutured or enucleated cats demonstrable with cytochrome oxidase histochemistry ［J］. Brain Research, 1979, 1 (171): 11 –28.

［304］Wurgler J. Financial markets and the allocation of capital ［J］. Journal of financial economics, 2000, 58 (1): 187 –214.

［305］Xu N. , Chan K. C. , Jiang X. , Yi Z. Do Star Analysts Know More Firm-specific Information? Evidence from China ［J］. Journal of Banking & Finance, 2013, 37 (1): 89 –102.

［306］Yin Y. , R. Tian. Investor Sentiment, Financial Report Quality and Stock Price Crash Risk: Role of Short-sales Constraints ［J］. Emerging Markets Finance and Trade, 2017, 53 (1 –3): 493 –510.

［307］You H. F. , X. J. Zhang. Financial Reporting Complexity and Investor Under reaction to 10 – K Information ［J］. Review of Accounting Studies, 2009, 14 (4): 559 –586.

［308］Yuan K. Asymmetric Price Movements and Borrowing Constraints: A Rational Expectations Equilibrium Model of Crises, Contagion, and Confusion ［J］. Journal of Finance, 2005, 60 (1): 379 –411.

［309］Zhao M. , Hoeffler S. , Zauberman G. The Role of the Business Press as an Information Intermediary ［J］. Journal of Marketing Research, 2011, 48 (5): 827 –839.

［310］Zhao M. , Ke Y. , Yi Y. The effects of risk factor disclosure on analysts, earnings forecasts: evidence from Chinese IPOs ［J］. Asia-Pacific Journal of Accounting & Economics, 2020 (2): 1 –30.